伴你同行

一对北大母女的……长

裴……

全球邮政特快专递

北京大学

高考录取通知书

中国友谊出版公司

图书在版编目（CIP）数据

伴你同行 / 裴军辉著. -- 北京 : 中国友谊出版公司，2015.1

ISBN 978-7-5057-3448-7

Ⅰ. ①伴… Ⅱ. ①裴… Ⅲ. ①家庭教育－中国 Ⅳ. ①G78

中国版本图书馆CIP数据核字(2014)第285560号

书名 伴你同行

作者 裴军辉

出版 中国友谊出版公司

发行 中国友谊出版公司

经销 新华书店

印刷 北京北邮印刷有限公司

规格 787×1092毫米 16开

8.25印张 139千字

版次 2015年1月第1版

印次 2015年1月第1次印刷

书号 ISBN 978-7-5057-3448-7

定价 40.00元

地址 北京市朝阳区西坝河南里17号楼

邮编 100028

电话 （010）64668676

序言

在我的女儿成长的过程中，经常有人向我咨询培养孩子的方法，尤其在她考取了北京大学之后，这个问题更是被一些家长所问及。

我不是教育家，没有逻辑严谨、哲理丰富的理论。我仅仅是一位陪伴孩子成长的普通母亲，只有对点点滴滴的日常生活极为平实的感悟。而其中的一些感悟，便形成了本书当中的一篇篇短文。

这些短文，有的记录了女儿独自的经历；有的记录了我和女儿相互间的交流；有的记录了那些给予我们帮助的友人；还有的记录了我对于教育问题的思考——这些思考的结果，其中亦包含了些许困惑。

这所有的短文，女儿几乎都曾经细心品读。可以说，它们所散发的气息伴随着女儿一路成长，并护佑着她走向北京大学。

我想，关于如何培养孩子的问题，这些短文也许便是我的答案吧。

需要说明的是，本书中的文章完全按照成文时间的先后顺序进行排列。逐一翻阅，便可以洞悉我的女儿成长的轨迹和脉络了。

本书中的全部绘画和插图，均出自女儿全葳不同时期的笔下。

感谢您的阅读。

2014 年 9 月 2 日于北京

目录

我对女儿的希冀 /1

我希望我的女儿将来在回忆她的学生时代时，能够没有遗憾，笑意浓浓。我希望我的女儿将来能够自食其力，一生平凡而充实。

珍重亲情的好女儿 /3

我知道自己是幸福的，因为我有一个好女儿，一个珍重亲情的好女儿。

长头发　飘起来 /4

孩子们应该具有独立的人格，其天性与特质应该得到尊重与保护。只有这样，长大后的他们才有可能各尽所能，就像多姿多彩的鲜花，在春日里竞相开放；而失却个性的孩子如同当年参加广播体操比赛的我们，唯有形式上的统一，却没有了独立的思想，最终便会失去竞争能力。

母爱　润物细无声 /6

我应当给予女儿一种关心，一种润物细无声的关心，一种不能够索求任何回报的关心。

感恩的心——源自女儿的文字 /8

我希望女儿能有一颗感恩的心，对社会，对他人，以及对给予我们阳光雨露的大自然。

上海世博会　令我心有余悸的话题 /10

我真的希望上海世博会不仅展现人类的物质文明及美好的生活前景，更应当向人们传颂一种理念，那就是秩序、公正及荣誉。

希望孩子如花朵般绽放在真善美的蓝天下 /12

但愿孩子们能铭记真实而美好的事物，并用他们手中和心中的笔予以描绘与讴歌。

现在的孩子　如何让你不早恋 /14

我们所能做的是以适当的方式引导孩子们，让他们意识到：他们现在没有能力去承担因触及情感问题而导致的责任；将这份情愫收藏在心，就是对它最好的尊重与爱护。

责任　生命中应该承受之重 /16

我们每个人都担当着不同的社会角色，其中一些角色是我们自己能够选择的，比如为人之夫之妻，为人之父母……我们选择了这些角色，就意味着我们应该承担起相应的责任。

有感于影片《那些年　我们一起追的女孩》/18

努力着，让我们的一生了无遗憾吧。

只言片语——女儿和我的小故事 /20

生活中的许多小事，会令人记忆犹新，仿佛就发生在昨日。

富足人生 /22

也许很多人都遗憾于曾经的成长岁月。而与孩子们共同经历过欢笑与痛苦、歌声与泪水，经历了生活中的点点滴滴后，便可以自豪地说，我的人生是富足的。

我们与孩子应该共同阅读的一本书 /24

《进入成人世界的9个密码》既是我们送给孩子的礼物，也是送给我们自己的礼物。在孩子们成长的旅途中，我们应当共同阅读，相互传递爱的信息与力量。

校服的故事 /26

学生所穿衣服的颜色、款式与其学习成绩的好坏没有必然的因果关系。为什么我们不能相信孩子们既懂得美、追求美，又具有极强的学习能力和社会责任感呢？

何谓健康的独立意识 /28

我们一直强调培养孩子的独立意识。我以为，如果孩子独立意识的建立以他们与父母心灵的隔阂为代价，那就是令人心寒的教育结果。

你多久没有感动过了 /30

感谢向我推荐这部小说的我的女儿。在我们彼此交流对这部小说的感受之时，我猛然意识到，她已然长大，且平和、善良而正义。

“孝”的含义 /32

我更为欣慰与感慨的是，女儿现在就意识到如何为孝。那么她在今后的人生路上，不再强作欢颜，不再被烦恼所羁绊，因为父母永远是她能够信赖、分担忧愁的朋友。

心存感恩　励志前行 /34

我时常祈祷，心地善良、懂得感恩的女儿，千万不要受到任何伤害。不过我始终相信，女儿在人生的道路上，善良且坚强。

那些与我分担困难的朋友 /38

冬日不再寒冷，因为你们的双手温暖而有力。

可爱的女儿　妈妈信任你 /40

女儿是个勤于思考的孩子，她对某些社会问题的见地精辟而成熟。也许正因如此，她才能够将曹禺笔下的陈白露表现得淋漓尽致。

在孩子的心田播撒正能量的种子 / 42

在孩子诞生的那一时刻，我们就应当意识到，我们播种于孩子心灵深处的，将是一种价值观念、一种生活方式；

是孩子们未来立足于社会，回馈我们及社会的能力和表现。

每个人都可以拥有成功的人生 /44

成功并不神秘，并非遥不可及，平凡的一生依然可以绚烂精彩。

以尊重的心态坚守对孩子的爱 /46

如果父母始终能够怀着一颗尊重之心，呵护孩子的心灵，引导孩子的言行，那么，孩子们一定能够沐浴在阳光雨露之中。

当红灯亮起时　请停下我们的脚步 /48

父母是孩子的一面镜子。

孩子的成长只有一次 /50

我羡慕自己的女儿，她经历了童年时代的单纯、少年时代的青春期，以及如今的青年时代的思考……每个阶段，她都是那样的自然而然。她那灿烂的笑容告诉我：每个阶段，都给她留下了多姿多彩的记忆。

不一样的青春期 /52

我会情不自禁地羡慕自己的女儿。她经历过典型的青春期，但从未有机会放弃自己的兴趣爱好。

追寻心中的理想 /54

无论我们经历了什么，我们都依然孜孜不倦地追寻着心中的理想。实现了理想，便不留遗憾。

传递正能量的讯息 /56

倘若我们能够相互传递正能量的讯息，彼此激励，即便天空常有雾霾，我们的内心不始终会变幻着明快的色彩吗?

妈妈不能病 /58

我感到格外释然，我已然意识到，女儿理解了我，女儿真的长大了。

没有坏孩子　只有成长的过程 /60

我们应当允许孩子们的天性得以流露与释放，应当耐心地等待孩子们度过青春年少，应当让孩子们自然而然地成长，让他们经历一个完整的人生。

女儿学校的电影节 /64

因为女儿在此读书，我便幸运地成为了这所学校的一位家长。于是我能够与孩子们共同融入包容与尊重的学校氛围，能够与孩子们共同经历多姿多彩的中学时代。

女儿心目中的学霸 /66

我赞赏女儿的创意：一日三餐吃饱，睡眠时间充足，集中精力听讲，学习、运动劳逸结合。

值此母亲节之际　感谢我的女儿 /68

做为母亲，我觉得应该感谢我们的孩子。是他们，让我们的生命得以延续；是他们，赋予了我们做为母亲的权利。

女儿的快乐之源 /70

予人以友善，予人以笑容。

轻生的季节　父母们在想些什么 /72

是孩子们令我们的生命得以延续，令我们实现了做为父母的梦想，令我们享受了做为父母的权利。我们不应当对孩子们怀有更多的谢意吗？

女儿语录——关于阅读理解 /74

女儿说，对于同一篇文章，对于文章中的某句话，不同的人当然会有不同的理解呀，这才符合客观实际呀。

女儿学校的电影节颁奖典礼 /76

我曾经目睹了女儿剧组孩子们的艰辛奋战、精益求精，如今与他们共同品尝着收获的喜悦和甜蜜。

幼儿园的朱阿姨 /80

我一直从心底感谢朱阿姨。虽然她没有什么文化，经济条件亦不宽裕，但纯朴的她竭尽全力地支撑着幼儿园，一路扶持着我和女儿，走过了那段成长的岁月。

实现理想的道路没有捷径 /82

成长中的女儿啊，每至人生的关键时刻，她都会通过独立思考，为自己做出规划。

令孩子受益终生的话语 /84

对于成长中的孩子而言，那发自内心的肯定与赞扬的话语，往往会让他们受益终生。

没有北京户口的孩子们 /86

留在北京，我知道自己终将是一个平凡、渺小的人；但对孩子而言，北京就是她生活的平台，北京就是她成长的起点。

我看孩子们独立生活能力的培养 /90

现今社会，经济发展了，生活富裕了，家长们当然有能力陪伴着孩子到大学报到。其实这本该是一件充满亲情、值得庆贺的喜事，为什么偏偏要与孩子们独立生活能力培养的话题牵强地联系在一起呢？

尊重女儿对于专业的选择 /94

对于女儿所选定的专业，我没有理由纠结，没有理由质疑，没有理由阻拦，没有理由不示以尊重。

用心血陪伴孩子 /96

孩子需要陪伴。这种陪伴并不意味着夜以继日的形影不离，并不意味着苦口婆心的反复叮咛；而是在孩子成长的每一个阶段，对她心灵的时时关注与精心呵护。

宽容的女儿 /98

我真的佩服女儿。她那娇小的身躯里，竟然承载着宽容、博大的胸襟。

跌倒了　坚强地爬起来 /100

女儿啊，人生虽然艰辛，却极为丰富——有理想，有付出，有泪水，有收获。

跌倒了，没关系，咱再爬起来！

在实现理想的道路上不会孤寂/102

相信女儿如同当年的我，在实现理想的道路上，不会孤寂。

女儿的高考之路 /104

女儿已在备战高考的路上。在这条荆棘丛生、崎岖不平的路上，女儿会摔倒，会疼痛，会流泪，也可能会迷路。但是，凭借着执著，凭借着坚忍，终究会抵达豁然开朗的境地。

依然年轻的心/106

当我们将孩子送入大学，当孩子已是成人，我们便会有另外的内容和重点。那样的生活，同样充实。

以纯粹的心态选择专业 /108

我始终倡导，应当以纯粹的心态选择专业；这样，无论将来发生什么变故，我们都可以沉着而冷静地去面对。

扎根　成就参天大树 /110

这段时间，我和女儿经常聊起重视基础知识的话题，现在我知道，女儿已然洞悉了具备扎实学风的意义。

从理想出发 /112

本文是我在女儿班级“成人仪式”上的家长寄语。

女儿被北京大学录取之后 /114

孩子，你即将踏上新的人生旅程。这将是一段内容更为丰富，色彩更为斑斓，或许道路更为崎岖的旅程；也必将是一段令你更加成熟、更加自立、更加充实的旅程。

附一
母校北大　我心灵的港湾 /116
附二
未名湖　我的北大记忆 /118

后记 /120

我对女儿的希冀

2009年9月29日 星期二

我希望我的女儿将来在回忆她的学生时代时，能够没有遗憾，笑意浓浓。我希望我的女儿将来能够自食其力，一生平凡而充实。

前些天，我参加了正在读初中二年级的女儿的家长会。女儿的班主任是一位教学经验丰富、工作成果丰硕、桃李满天下的男老师。通过班主任老师语重心长的话语，我深深地感到他非常负责，希望孩子们能够茁壮成长。

班主任老师神情焦急、忧心忡忡地谈到，目前孩子们没有目标，没有动力，这是他非常担心的问题。他曾经问过孩子们有什么理想，有的孩子说希望工作后的第一个月的月薪是 2000 元，有的孩子说希望能成为一名老师，还有一些孩子根本不知道将来想做什么……令老师失望的是，全班竟然没有一个同学讲，希望将来为了祖国的腾飞，或为了人类的进步做出贡献。他说，即使将来仅仅做一名老师，也应该是一名优秀的人民教师啊。他很担忧，没有远大理想的孩子们，如何能知道努力学习？如何能在中考时取得好成绩？如何能有美好的未来？

家长会结束后，我走出了教室，看到了无忧无虑、大声说笑的孩子们。我问他们有什么理想。我的女儿和她的几位同学争先恐后地回答："我们现在学的科目挺多的，高中时还会增加呢，我们也不知道会最喜欢学什么；所以现在还不能知道以后能干什么工作。这只有将来才能知道啊。"说完，又有说有笑地欢聚在一起了。

对于他们的回答，我不知道应该如何表明我的态度，但我确实不想完全反对。我只是感到当时的心情非常复杂，或者说是感慨万千。

记得在学生时代，无论是老师还是同学，都认为我是一个有着远大理想的学生；因为我努力学习，上进心强，遵守纪律。我曾经荣获“优秀学生”、“学习标兵”、“三好学生”等多种荣誉称号。高中毕业时，我以优异的成绩考取了北京大学，也永远成为了老师、家长及同学、朋友们的骄傲。

戏剧性的是，熟识我的人常常以我为例，教育他们的孩子；而我却不希望自己的女儿像我一样。这并非由于流逝的岁月磨却了我的动力，而是现在的我希望自己有一个平实、自然、恬淡、乐在内心的人生，就如同仍生活在家乡的同学、朋友们。他们也许不曾有过远大理想，他们也许被老师批评，被家长训斥、打骂过；但他们曾经开心地玩，开心地闹，开心地笑……现在我们相聚在一起时，大家会谈论起发生在他们身上的一个个故事，分享着回忆的快乐。而学生时代的我，好像除了严肃、认真地学习以外，几乎没有时间和同学追逐、玩耍，没有笑语欢声。

现在，当我们纷纷步入不惑之年时，家乡的同学们安居乐业，过着踏实而质朴的生活；远在异乡的我却经常穿梭于拥挤的人流、车流当中，隐忍着思乡之痛，来去匆匆。

我欣赏我的女儿，她独立、快乐、活泼，富有爱心，内心无瑕；尽管她还不知道，或者根本没有思考过自己的理想是什么。

我希望我的女儿将来在回忆她的学生时代时，能够没有遗憾，笑意浓浓。我希望我的女儿将来能够自食其力，一生平凡而充实。

珍重亲情的好女儿

2009年11月18日 星期三

我知道自己是幸福的，因为我有一个好女儿，一个珍重亲情的好女儿。

星期一放学回家后，正在上初中二年级的女儿忽然找不到自己的钱包了，非常沮丧。

我带着埋怨的口吻问道："是不是一个星期的生活费都在钱包里啊？怎么不小心些呢？"女儿哭着说："还有另外300多元钱呢，都丢了。"我吃惊地问："怎么还有300多元呢，哪来的这些钱呀？""我每个星期都从生活费中省些钱，才攒下来的。我本来想多攒些，等你和爸爸过生日时，给你们买生日礼物的。谁想到会丢呢？"她哭得更加伤心了。

我沉默了，同时自己的眼中也涌出了泪水。我竟然不知道女儿会从每个星期有限的生活费当中节省出一些钱，是为了能够实现埋藏在心中的愿望——给父母买生日礼物。其实，我曾经对女儿说，你就是爸爸妈妈最好的生日礼物啊。

此时，我的心在震颤，我感动于女儿的一片心意，也猛然意识到女儿长大了。300元钱对于很多人来讲也许不是很大的数目，但是对于我的女儿，这些钱却承载了她美好的愿望和对自己的承诺。我怜爱地对女儿说："别难过了，妈妈把那300元钱补给你。这些钱就放在家里吧，别带在身上了。"

女儿的情绪渐渐地稳定下来，她向我投来了感激的目光。我把女儿搂在怀里，感到有一股暖流正在我的心中涌动。我知道自己是幸福的，因为我有一个好女儿，一个珍重亲情的好女儿。

我在心中对女儿说，妈妈感谢你。

长头发　飘起来

2010年3月30日　星期二

孩子们应该具有独立的人格，其天性与特质应该得到尊重与保护。只有这样，长大后的他们才有可能各尽所能，就像多姿多彩的鲜花，在春日里竞相开放；而失却个性的孩子如同当年参加广播体操比赛的我们，唯有形式上的统一，却没有了独立的思想，最终便会失去竞争能力。

我有一头乌黑的长发。

很多年来，无论我的境遇如何，每当我精心梳理、抚摸它的时候，心里就会流入缕缕阳光，格外温暖、明亮。这头长发犹如我忠实的朋友，与我相依相伴。

虽然曾经有人劝我剪掉长发，以便看起来干练而职业，但我仍然坚守着它，珍视着它。

也许能够感受到长发带给自己内心的甜蜜吧，我的脑海中竟然会常常浮现一个伤感的女孩子的身影——我小学的同班同学。虽然我们一直不曾联络，但是至今我仍然记得她的名字。

那是在我小学三、四年级的一个春天，我所在城市的某个区即将举行小学生广播体操比赛。

为了能取得好成绩，学校除了让我们穿戴统一外，还要求所有的女生将头发剪成当时俗称的“五号头”——一种没有层次的短发型。校长说，这样看起来非常整齐。

于是那段时间里，我们纷纷被家长带到理发店，相继变成了短发少女。我记得当时我们根本没有犹豫，认为学校的这个要求理所应当。为了集体的荣誉，我们无怨无悔。

可是，偏偏有一个梳着长辫子的女同学坚决不同意将头发剪短。于是学校告诫她，如果不把长发剪掉，她就要退学，因为她不遵守学校纪律。

接下来的几天里，这位女同学神色忧伤，脸上常常挂着泪珠。一天，她的家长护送着她来到学校，说她自己不想上学了。

校长、老师不停地找她谈话。最终，她剪去了长长的头发，好像同时也剪断了快乐的源泉似的，从此再也没有了开心的笑容。

广播体操比赛结束了，我们学校名落孙山。

后来，我似乎忘记了这件事情。

直至大学毕业以后，随着我的头发在我的精心呵护下，渐渐地由短变长，这件事情在我的记忆当中便被重新拾起，并且越来越为明晰。

记得当年，我曾经不理解这位女同学为什么那般固执地捍卫自己的长发；而今，我在内心深处与她共悲伤：丝丝长发，已然融入了我们自己的特质和情感。

当今社会，这样的事情应该不再发生。但事实上，很多老师都希望学生们能够磨却棱角，不再顽皮，步调一致……孩子们虽没有被剪掉心爱的长发，但应有的个性以及活泼可爱的天性却有可能被遏制甚至抹杀。

我总以为，孩子们应该具有独立的人格，其天性与特质应该得到尊重与保护。只有这样，长大后的他们才有可能各尽所能，就像多姿多彩的鲜花，在春日里竞相开放；而失却个性的孩子如同当年参加广播体操比赛的我们，唯有形式上的统一，却没有了独立的思想，最终便会失去竞争能力。

我希望那位剪掉长发的女同学能够找回笑容。

我希望她心中的长发永远飘动起来。

母爱　润物细无声

2010年4月16日　星期五

我应当给予女儿一种关心，一种润物细无声的关心，一种不能够索求任何回报的关心。

开车几年以来，我从未曾违反交通法规。

但是有一天，我在公安交通管理局的网站上，竟查询到我有一个违章记录！事由是在尾号限行的某一天傍晚，我驾车出行了！

我冥思苦想了好久好久，也记不得那一天我开车做了什么，甚至开始怀疑这个违章记录的真实性了。

猛然，一件事情跃入了我的脑海。

那一天，因为知道自己的车限行，所以我决定在家里工作一天，（律师事务所不要求我们每天坐班）绝不出行。

傍晚时分，放了学的女儿沮丧地对我说，她的地理练习册丢了，地理作业不能写了。按照班级的规定，本周评比时，她个人和她所在的小组要被扣分。

我当时毫不犹豫，立即冲出家门，钻到了车里。在北京晚高峰的路上，多年来车技没有任何长进的我，以比平时快得多的车速，在车流中见缝插针地狂奔起来。

在偌大的北京城，我去了一家又一家书店，均被告知没有我女儿需要的地理练习册。当我仍抱着一线希望，赶到一家书店门前时，书店的门已经紧紧地关上了。那时，应该是晚上 10 点了。当我垂头丧气地回到家里时，感到饿了，方才意识到还没有吃过晚饭。

第二天上午，当那家让我吃了闭门羹的书店刚刚开门营业时，我已驱车赶到。拿到了地理练习册后，我马不停蹄地将书送到了女儿学校。

那天放学后，女儿告诉我，老师知道了我在积极地为女儿买书，这一次女儿和她的小组就不被扣分了。

我欣慰地笑了。女儿补充道："老师说，家长很辛苦。"

如果不是看到违章记录，这件事也许会和其他一些生活琐事一样，几乎不会再回到我的记忆当中了。

后来，女儿在一篇作文中写了这样一段话：

"一天，妈妈向我讲起了她违章的事。她的语气很轻缓，就像聊着与她无关的小事一样。但我仍能感到她那瘦弱的肩膀在微微地颤抖着。

妈妈一直小心翼翼地驾车，她曾说争取做一名无违章记录的司机。然而为了我和我的荣誉，妈妈却永远留下了遗憾。

我曾内疚地对妈妈说，妈妈，对不起。妈妈笑着看着我说，是妈妈忘记了那一天限行，这不关你的事儿。以后咱们都谨慎些，你别再丢东西了。

……

这就是深深的母爱。"

我有些震惊，也为女儿的文字而感动。

我始终认为，我应当给予女儿一种关心，一种润物细无声的关心，一种不能够索求任何回报的关心。

也许母爱就是这样，谈不上多么伟大，只因缘于一种血脉之亲情，缘于一种责任。

感恩的心——源自女儿的文字

2010年7月24日 星期六

我希望女儿能有一颗感恩的心，对社会，对他人，以及对给予我们阳光雨露的大自然。

下文是女儿写给我的一封信，当时她是小学三年级的学生。

收到这封信时，我心中所品味的不仅仅是感动。直至现在，每每翻看它，我都会思绪万千。

虽然没有华丽的辞藻，虽然尚有一些错别字，但这封信在我的心目中始终是美丽的。

我希望女儿能有一颗感恩的心，对社会，对他人，以及对给予我们阳光雨露的大自然。

注：括号中的内容是我所做的说明。

亲爱的妈妈：

您好！感谢您支持我参加冬季赛跑。（女儿当年是一名小运动员，为班级争得了不少荣誉呢。一次长跑比赛时，她肚子疼，但硬是坚持跑完了全程。很长时间以后，我才从老师那儿知道了这件事，真是心疼极了。但是我没敢在她面前流露出来，还一个劲儿地夸奖她呢）我在学校已经呆上三年了，学习成绩一直都不错。

今天，我最兴奋，因为我能和班里的家长团聚一次。（这一天，学校组织家长和孩子们一同开会）妈妈！您为我做了许多，还花了许多钱陪（“陪”应为“培”，女儿有时会马虎一些）育我长大。我谢谢您给我的爱，也谢谢您给我的阳光！

从小，我就是您种的麦苗。现在，我是您的大树。可以给您带来一些温暖。

现在，我想给您写一首诗歌，名字叫《一片温暖的心》：

妈妈，您暖（显然，“暖”应该为“温”）柔地走来了。

您把自己所有的知识和阳光

送给我了。

现在，我的学（“学”后面少了个“习”字。对于我女儿的马虎，您应该略知一二了吧）成绩不错，我要拿它来报答您。

谢谢您！谢谢您！

我感激您把知识和阳光

送给我！

爱您的女儿

2004年12月21日

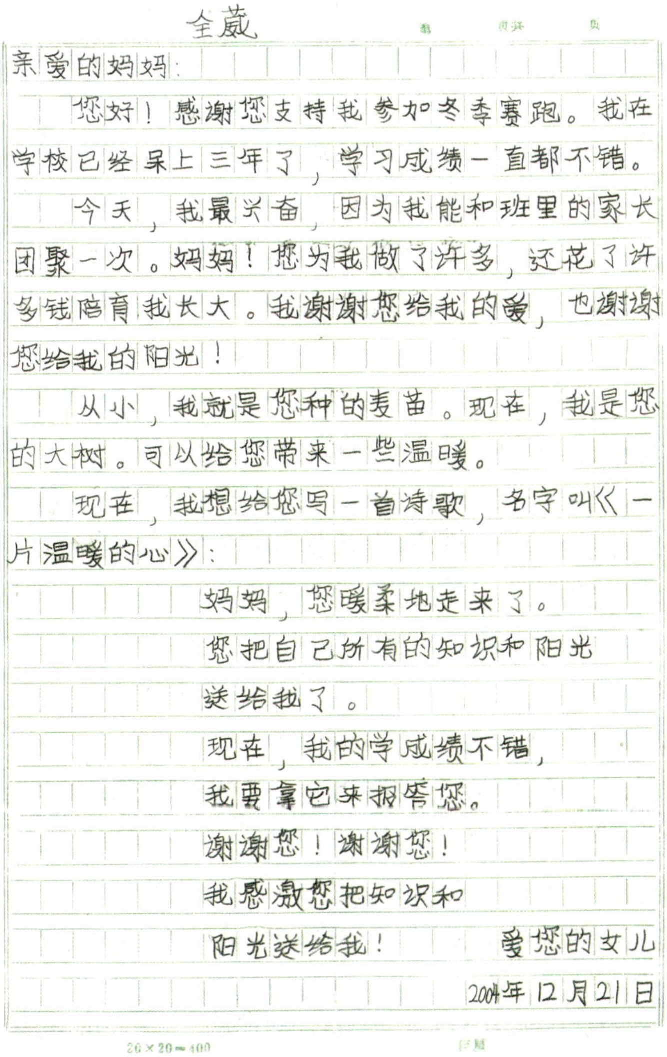

全葳

亲爱的妈妈：

您好！感谢您支持我参加冬季赛跑。我在学校已经呆上三年了，学习成绩一直都不错。

今天，我最兴奋，因为我能和班里的家长团聚一次。妈妈！您为我做了许多，还花了许多钱培育我长大。我谢谢您给我的爱，也谢谢您给我的阳光！

从小，我就是您种的麦苗。现在，我是您的大树。可以给您带来一些温暖。

现在，我想给您写一首诗歌，名字叫《一片温暖的心》：

妈妈，您暖柔地走来了。

您把自己所有的知识和阳光

送给我了。

现在，我的学成绩不错，

我要拿它来报答您。

谢谢您！谢谢您！

我感激您把知识和

阳光送给我！

爱您的女儿

2004年12月21日

上海世博会 令我心有余悸的话题

2010年9月3日 星期五

我真的希望上海世博会不仅展现人类的物质文明及美好的生活前景，更应当向人们传颂一种理念，那就是秩序、公正及荣誉。

暑假结束了。

开学的第一天，我问女儿："去过上海世博会的同学有啥感想啊？他们是不是挺后悔的？"

我以为女儿会同意我的观点，谁知她用略带埋怨的口吻说："妈妈，我们班的杨某某推着轮椅走绿色通道，没有排队，参观了好多个场馆。妈妈，你怎么就没想到这样做呢？咱们去了趟世博会，排了好长时间的队，很多有意思的场馆都没看到。"

我有些吃惊，赶紧问:"杨某某怎么推着轮椅呢？她给谁推轮椅呀？""她妈妈找的轮椅，装成残疾人，让她推着。还有王某某的爸妈找了熟人，根本没排队。妈，王某某做什么事都能找到熟人，你咋就不找熟人帮帮咱们呢？"

面对这样的现实，我不知道该如何回答女儿。我能理解女儿的怨气，因为暑假的上海世博会之行，恐怕是我们永远的伤痛。

那一天，骄阳似火。为了能领到中国馆有限的门票，我和女儿在世博园开门的两个小时之前，便赶到了那里。可当世博园的大门打开，我们鱼贯而入后，服务人员说当天中国馆的门票早已发放完毕。

于是我和女儿随着人群，排了一个又一个长队，参观了有限的几个场馆后，便已是日落西山。我们筋疲力尽。

这一天里，我们看到有的人因为排队时间过长而中暑，被担架抬走；有的人加塞儿，和其他人吵了起来。炎热的天气让拥挤的人们心情躁动，无法冷静下来。

随后在上海逗留的几天里，我和女儿再也没有勇气赶赴世博园，赶赴那些不曾参观的场馆。而上海世博会也成为了我们心有余悸的话题。

现在，我和女儿知道，当我们和绝大多数人一样，在酷暑下、人海中遵章守纪地参观世博会的时候，却有一些人欣然采用另外的方式：没有门路的老百姓弄把轮椅，扮成残疾人；还听说借别人的小孩的事情，因为抱着孩子可以不排队。有门路的达官贵人由熟人引路，畅通无阻。他们这样做的结果，是获得了更多的参观机会。

我的内心不禁感到一丝苦涩。

很多年以前，父母教育我们要遵守规章制度，脚踏实地做人做事，不要投机取巧。那时的人们即便拥有权势或通过捷径获得了财富或其他机会，也鲜有人乐于炫耀；因为当时倡导的价值观念便是：天道酬勤，一分耕耘，一分收获。

而今，我在教育女儿要诚信、守法，要赞美、讴歌劳动精神时，看到的却是一些人对于权势的羡慕与炫耀，对于捷径的追求与津津乐道，还有真真正正努力奋斗的人们的无奈与辛酸。

城市让生活更美好。

我真的希望上海世博会不仅展现人类的物质文明及美好的生活前景，更应当向人们传颂一种理念，那就是秩序、公正及荣誉。

全葳2012年填词并作画

希望孩子如花朵般绽放在真善美的蓝天下

2011年1月3日 星期一

但愿孩子们能铭记真实而美好的事物，并用他们手中和心中的笔予以描绘与讴歌。

正在读初中三年级的女儿正在经历着每天一小考、每月一大考的学海无涯苦作舟的境遇。

一次大考结束后，她兴奋地对我说："妈妈，我们这次的作文题目叫《为他的……而喝彩》。我写了这样一件事：体育老师在给我们上课时，家人打来电话说他的母亲病危了，但他坚持把体育课上完。可当他想赶往医院时，却听到了母亲刚刚去世的消息。我的作文题目就叫作《为他的无私而喝彩》。妈，我感觉这篇作文一定能得高分，因为写这篇作文时，我自己都感动得哭了。"

"肯定能得高分的，妈相信你的感觉。"我附和着，其实也是一种鼓励。

成绩公布了，女儿作文的分数并不理想。她把卷子拿给我看，对我说："妈，老师给我作文写的评语是'这真实吗'、'没有真情实感'。真是太奇怪了，这明明是一件真事儿，而且我自己都被这篇作文感动了，老师怎么能这么主观判断呢？"

看来女儿确实感到愤愤不平了，还没等我回应，她紧接着说："我原来写过一篇作文，和真实的情况正好相反，可是却得了高分。老师说'富有真情实感'，还把这篇作文作为范文让同学们学习呢。妈，您说为什么写真话却被认为不真实，写假话却能得高分呢？我真不知道该怎么做人了。"

关于这件事，女儿至今已念叨了好多次，我却没有能力回答她。

也许这就是应试教育所造成的局面，大家不去体会身边所发生的感人至深的事情，却仅仅注重文章的表面形式。

可我所担心的是，大家已不再相信现实生活中所发生的感人事件，而习惯于用美丽的辞藻去虚构现实生活。

但愿我是杞人忧天。但愿孩子们能铭记真实而美好的事物，并用他们手中和心中的笔予以描绘与讴歌。

孩子是祖国的未来。

我真心希望这些花朵们能生机勃勃地绽放在真善美的蓝天下。

现在的孩子 如何让你不早恋

2011年1月12日 星期三

我们所能做的是以适当的方式引导孩子们，让他们意识到：他们现在没有能力去承担因触及情感问题而导致的责任；将这份情愫收藏在心，就是对它最好的尊重与爱护。

期末的音乐考试，老师要求每位学生献唱一首歌。于是，每当放学回来，女儿便会在繁忙的学习过程中见缝插针地引吭高歌，歌词都是情啊、爱啊。女儿认真地说，她要好好练习，争取唱个高分。

我试探地问：“你们班的同学都准备些什么歌呀？”

“《天生一对》、《爱的旅程》、《分手快乐》……”女儿如数家珍，而后笑着说：“妈，您看这些歌，不是恋爱，就是失恋。”

我说：“这些歌好像不太适合你们中学生吧？其实有些歌挺好听的，比如《让我们荡起双桨》，比如《歌声与微笑》，比如……”

“妈，您说的那些歌我们可不会唱。”说完，女儿又沉醉在她的歌声里了。

随后的一段时间里，可以说直至现在，我的脑海中始终有一个无法找到答案的问题：现在的孩子，如何让你不早恋？

现实生活中，早恋可以说已经是个普遍现象了。尽管很多家长苦口婆心地规劝早恋的孩子，甚至围追堵截，尽管很多学校在用各种方式表明早恋的弊端，但收效仍不理想。

说实话，我常常感觉我们目前所生活的这块土壤很不利于减少早恋：耳朵所充斥的常常是爱怨交织的歌曲；目光所触及的往往是卿卿我我的画面；消费群体主要是少年儿童的饮料、洋快餐、小食品等，其电视广告也是情侣们的表演占据了大半壁江山；一直适于中学生阅读的《青年文摘》等书刊，如今登载的一些作品在讲述着早恋，追忆着早恋……

其实，处于青春期的孩子们，他们相互之间所萌发的喜爱之情实在是一种正常的心理现象，这种情感是真真正正纯洁无瑕的。我们所能做的是以适当的方式引导孩子们，让他们意识到：他们现在没有能力去承担因触及情感问题而导致的责任；将这份情愫收藏在心，就是对它最好的尊重与爱护。

我常常想起中学时读过的一篇散文——《柳眉儿落了》。文中男女主人公对待与处理感情的态度让当时的我及我的同学们感悟至深，受益至深。他们让我们知晓，珍藏那独属于青春期的至纯情感，完成好自己的学业，这是一个中学生应该担当的责任。这篇文章虽然短小，却在中学生中广为传颂。毫不夸张地说，它奠基、引领了那个时代关于早恋问题的舆论导向。

后来，我将这篇文章推荐给上初中的女儿。一向活泼的女儿读完后，神色凝重地对我说："妈，我很喜欢这篇文章。"

所以，舆论导向真的很重要。如果各行各业的人们都能够不为经济利益所驱动，都能够珍视孩子们的成长环境，那么孩子们就有可能比较顺利地度过这段色彩斑斓而又烦恼的青春期，全力以赴地汲取知识的养分，在人生的道路上少些悔恨和遗憾。

可是，现在的孩子，如何让你不早恋？

责任 生命中应该承受之重

2011年1月4日 星期三

我们每个人都担当着不同的社会角色，其中一些角色是我们自己能够选择的，比如为人之夫之妻，为人之父母……我们选择了这些角色，就意味着我们应该承担起相应的责任。

一直想把关于责任的认识和看法变成文字，但感觉这个话题有些严肃，便未曾试笔。

我对于责任一词的思考源于10年前，当时我正在利用业余时间在一所外语学校学习英语口语。

我们的老师是一位英国男士。在他的课堂上，我们经常讨论一些问题，气氛活跃而积极。但有一节课，我的心情很是沉重——那节课，老师给我们读了一篇文章，主要内容如下：

一位乡村女教师将她的十几个学生视同己出，她经常住在学校，将自己的精力完全投入到照顾、关心、教育这些学生上。对于自己年纪尚小的女儿，无论学习还是生活，她都没有精力照看。有一次，她自己的女儿病重了，但她仍然没有时间陪伴。

这是发生在我国的一个真实的故事。

读完这篇文章，老师让我们谈谈各自的看法。大家还是那么踊跃，争相发言，谁都不想错过练习英语口语的机会。虽然各自的英语表达方式不同，但所阐述的观点高度一致：这位女教师道德高尚，她那种无私奉献的精神让人感动，值得提倡；如果我们都能这么做，那么世界将会更加美好。

我听了大家的观点，更为沉默了。我知道自己无论如何无法参与这次讨论了。

教室终于安静下来，老师微笑地对我说，Judy，为什么这一次你不和大家一起讨论呢？我相信你有自己的观点，你能告诉我你是怎么想的吗？

我站了起来，缓缓地说，对不起，我心情很糟糕，我不知道如何阐述我的看法。

老师仍然微笑地看着我，鼓励我说下去。

我深深地吸了一口气后，语气低沉地说，我不赞同这位女教师的行为。她是一位母亲，她有责任照顾、教育自己的女儿，可她丢弃了这个责任。我们每个人都担当着不同的社会角色，其中一些角色是我们自己能够选择的，比如为人之夫之妻，为人之父母……我们选择了这些角色，就意味着我们应该承担起相应的责任。这位女教师既然生养女儿，就不应回避做母亲的责任。我非常同情、怜悯她的女儿，她在日常生活中得不到母爱，甚至在病重时，也没有享受母亲温柔的抚爱与细心的照料——这对孩子的一生来讲，真是一种无法弥补的遗憾。

很久，教室里鸦雀无声。当时以至现在，在人们无不讴歌这种忘我工作，舍小家为大家的无私奉献精神的社会氛围里，我的这番言论实在出乎大家的意料。

下课的铃声响了。我坐在座位上沉思着，我的观点错了吗？

时至今日，那次讨论的场景仍然仿若发生在昨天，而我始终不知道是否应该在一个外国老师面前谈论自己那不合时宜的观点。但无论如何，已过不惑之年的我仍然认为，我们需要承担责任，无论工作还是生活。

责任，生命中应该承受之重。

有感于影片《那些年 我们一起追的女孩》

2012年1月12日 星期四

努力着，让我们的一生了无遗憾吧。

昨天，在刚刚结束期末考试的女儿的提议下，我和她看了一场电影——《那些年 我们一起追的女孩》。女儿告诉我，这部影片最近受到中学生们的热捧。

影片所讲述的故事开始于上个世纪90年代的台湾。高中生柯景腾是一个成绩极差且又调皮捣蛋的男生，老师将他“托付”给班里学习最优秀，也是众多男同学暗恋的女生——沈佳宜。在沈佳宜的监督和鼓励下，柯景腾的成绩就像芝麻开花节节高。渐渐地，他喜欢上了气质优雅的沈佳宜。其实，沈佳宜也慢慢地喜欢上了他。在他们成为了大学生后，柯景腾希望能引起沈佳宜的关注，便组织了一场格斗比赛，这种伤害身体而没有任何益处的行为令沈佳宜非常反感。两人因无法相互理解，从此不再联系。其实，柯景腾一直都在关心、思念着沈佳宜。后来台湾发生地震时，他联系的第一个人就是沈佳宜。

2005年，沈佳宜举行了婚礼。此时，柯景腾感到他仍然深深喜欢着沈佳宜，只是时光无法倒流。至此，他还从未向沈佳宜表白过自己的内心。

影片结束了。有些观众难过地抽泣着，为了这段没有结果的爱。

然而，我和女儿不约而同地说，柯景腾为什么不告诉沈佳宜，他喜欢她呢？其实，他有许多机会，不应该留下感伤终生的遗憾呀。

我和女儿没有哭泣，只是感到无力相助。

我对女儿说：“如果你遇到这种情况，一定要把内心的感受告诉对方。即便不能成为男女朋友，不能结婚，也不要留下遗憾。”我随即补充道：“当然，这要等到你上了大学之后。”

女儿表情怪怪地回答：“妈，我知道了。”

回家的路上，我和女儿不停地为这部影片叹息着。我感慨地对女儿说，这部电影其实是在提醒我们，人生中不管做什么事，都千万不要留下遗憾。

努力着，让我们的一生了无遗憾吧。

只言片语——女儿和我的小故事

2012年7月25日 星期三

生活中的许多小事，会令人记忆犹新，仿佛就发生在昨日。

（一）关于马虎

女儿很聪明，可经常出现马马虎虎的情况。她自己意识到这个习惯不好，并且一直努力改正，可偶尔还会发生不尽人意的事情。

上小学时，有一天，女儿听到爷爷、奶奶聊起爸爸，得知爸爸也有马虎的习惯，于是对我说："妈妈，我马虎的习惯应该是爸爸遗传给我的。其实在我出生以前，爸爸应该改掉马虎的毛病，这样就不会遗传给我了。可是爸爸把这个毛病遗传给我，却让我自己改正，这真是太不公平了！"

（二）人生大事

2010年7月6日早自习时，女儿在获知初二年级期末考试数学成绩后，给我发来了如下短信：

啊！亲爱的老妈！你女儿终于出人头地了！我数学112！女生第二！我觉得我这辈子值了！

（三）心有灵犀

读高一的女儿期末考试结束后，见到我便表情神秘地说："妈妈，我有两个消息，一个是好消息，一个是坏消息。您想先听哪一个？"

我不温不火地回答 ：“好消息就是你把答错的题改对了，坏消息就是你把答对的题改错了。”

女儿和我相视着大笑起来。

（四）手机问题

一天放学后，我去接女儿。女儿和平常一样，和我聊个不停。她说 ：“妈妈，我们班很多同学的家长都监督孩子的手机，查看手机短信，同学都挺反感的。我们同学还羡慕我哪，他们说没听说您查看我的手机。”

“查看手机能解决什么问题吗？”我反问道。

“我告诉同学了，”女儿快言快语地说，“我妈妈不监督我的手机，一是因为她确实不愿意这样做，二是因为她根本不会使用我的手机。”

我笑了，对可爱的女儿说 ：“你是嘲笑我笨手笨脚吧？”

富足人生

2012年8月2日　星期四

也许很多人都遗憾于曾经的成长岁月。而与孩子们共同经历过欢笑与痛苦、歌声与泪水，经历了生活中的点点滴滴后，便可以自豪地说，我的人生是富足的。

这个暑假，可把女儿忙坏了，她参加了同学们自编自导自演的影片摄制工作。

每一年，女儿所在的学校——人大附中都要举办学生电影节，参展的电影由学生们制作完成。这一次，女儿身兼数职，不仅饰演女二号（或许是女三号），还兼任剧务、场记，以及完成临时性工作，她和同学们忙得真是团结、紧张、严肃、活泼。做为家长的我，偶有时间便围观孩子们。看着踌躇满志、灿若朝阳的他们，真是格外地欣慰。

于是常常感慨与女儿共同成长的宝贵经历。

在女儿出生以前，我和其他一些家长一样，从未接受过育儿知识方面的任何理论培训。我的全部心理准备便是一直思考着这样一个问题：在我成长的过程中，我曾经希望父母如何对待我。我相信，无论孩子们生在何时，身处何地，他们的心理、需求应该有类似之处。

在这种极为原始的、完全感性心理的引导下，我陪着女儿一路走到了现在。如今，即将读高二的女儿所展现出的善良、乐观、积极向上、乐于思考的特质，也令我仿若一同成长起来。我深深地体会到，当我们为孩子投入亲情的同时，我们亦感受到了浓浓暖意。

也许很多人都遗憾于曾经的成长岁月。而与孩子们共同经历过欢笑与痛苦、歌声与泪水，经历了生活中的点点滴滴后，便可以自豪地说，我的人生是富足的。

感谢孩子，是他们弥补了我们成长过程中留下的些许遗憾，让我们体验了一个完整的人生。

如今，我要祝福女儿，祝福他们摄制组的全体孩子！

存根
海底世界
副券1
副券2

金葳
2007.10.15

我们与孩子应该共同阅读的一本书

2012年8月28日 星期二

《进入成人世界的9个密码》既是我们送给孩子的礼物，也是送给我们自己的礼物。在孩子们成长的旅途中，我们应当共同阅读，相互传递爱的信息与力量。

上学期开家长会时，老师建议家长为孩子们购买一些图书，其中一本书便是《进入成人世界的 9 个密码》。

很想知道这本书究竟有何价值，于是买到书后，我先一睹为快，确实感觉深受裨益。

“不管你经历了多少坎坷，如果半途而废，努力全部作废，光明与你无缘。”

“天塌下来，父母就是生命的支撑；地陷下去，父母就是孩子的庇护。”

“要做一个好才，先要做个好人；要做一个才子，先要做个君子。”

“不懂得宽容和忍耐，你只能永远活在儿童世界里。”

“要成为享受乐趣的超级玩家，你需要有一颗宁静的、不被喧闹扰乱的心。”

上述内容是该书的部分观点，我钦佩作者这种一语中的的文风。

其实，这本书何止适合于青春年少的孩子们？

做为早已进入成人世界的家长，我们每个人能否领悟并具备这些品质呢？

当我们对孩子施以说教时，是否反思过，我们的言行能否赢得孩子们的信赖与佩服呢？

常言讲得好，父母是孩子的一面镜子，是孩子人生路上的第一位老师。所以，在引领孩子越过人生的千山万水时，我们确实需要常常检视自己的言行，修正自己的言行。只有这样，我们才有能力去感召孩子，去影响孩子，成为与孩子相随相伴的力量。

如上，也正是我所渴望至今的信念：与孩子共同成长。

于是，孩子不仅是我们的血脉之亲人，同时也可以成为我们的友人。即便将来身处异地，我们也会借以精神与心灵，相互鼓励，相互陪伴。

所以，《进入成人世界的 9 个密码》既是我们送给孩子的礼物，也是送给我们自己的礼物。在孩子们成长的旅途中，我们应当共同阅读，相互传递爱的信息与力量。

校服的故事

2012年9月3日 星期一

学生所穿衣服的颜色、款式与其学习成绩的好坏没有必然的因果关系。为什么我们不能相信孩子们既懂得美、追求美，又具有极强的学习能力和社会责任感呢？

又是一个新学期。

女儿穿上了白色校服，不停地打量着镜子里的自己，她脸上的表情显然很沮丧。

“妈妈，我怎么一穿上校服，看起来就更矮了呢？”身高问题一直是女儿的心病，这校服又让她的心隐隐作痛了。“唉，我们的校服为什么都是又肥又大的运动服呢？为什么不能做得精致些、漂亮些呢？”

我能理解女儿。已经读高二的女儿原本出落得清秀、端庄，但是罩上校服后，身材确实略显臃肿，个子看起来也矮了一截儿。我不知如何安慰女儿，因为那校服真的没有任何美感。如果一定要用褒义词来描述，也许只能用朴实一词了。

其实，已经读中学的女孩子，怎么能不知道什么是美呢？

于是我经常想起自己中学时的校服的故事。

上世纪80年代初，我开始了初中生活。学校没有统一设计、售卖校服，但要求学生们穿蓝色的服装。校长教育我们说，学生们不能讲究穿戴，否则学习精力不会集中的。学习好的学生有谁穿五颜六色的衣服啊？尤其红色的衣服，不是好学生应该穿的。

当时，我家的物质生活并不富裕，妈妈便将她的一件深蓝色衣服送给了我。

那肥大的衣服一定让我看上去老成了许多，同时也丢掉了秀气与活力。为此，我一直耿耿于怀，总想找个机会让自己的模样恢复原状。

一天，我终于穿上了自己那件深红色、点缀着白色小碎花的衣服走进了校门。校园一

如常态，没有同学们的议论纷纷，也没有校长、老师的批评。这种情况持续了一段时间，其实，我深知其中的原因。

那时，我的学习成绩很好，人所共知。在那个唯以分数论英雄的年代，我无疑是学校宝贵的财富。我仰仗着这个资本，穿上了自己喜欢的花衣服。可以说，学校对我的爱护几近于偏袒了。

时至今日，我仍然认为，学生所穿衣服的颜色、款式与其学习成绩的好坏没有必然的因果关系。为什么我们不能相信孩子们既懂得美、追求美，又具有极强的学习能力和社会责任感呢？

只是如今，我从未鼓励女儿穿着自己漂亮的衣裙走进学校。我无法确定现在的学校能否容忍这种另类的行为；尽管我一直希望自己的女儿以及她的同学们能花枝招展，活力四射。

我真的非常感谢我曾经就读的那所中学，她对我的那份宽容与接纳让我勇于体验美，给我的人生留下了这段特殊而甜蜜的记忆。

小记

这篇短文完成半年后的一天，女儿兴奋地对我讲，刘彭芝校长告诉他们，她读了一位学生的来信，这位学生在信中袒露了希望穿上漂亮衣服的想法。刘校长认为学生的话很有道理，便做出决定：全校学生在每个星期五都可以穿上自己的服装。

于是，此后的每个星期五都成为了女儿和她的同学期盼的日子。这样的日子里，学生们犹如春日里的鲜花，姹紫嫣红，竞相绽放。

这样的日子虽然有限，却彰显了学校对个性的尊重，对学生的信任。

何谓健康的独立意识

2012年9月6日 星期四

我们一直强调培养孩子的独立意识。我以为，如果孩子独立意识的建立以他们与父母心灵的隔阂为代价，那就是令人心寒的教育结果。

女儿住校。每到星期日晚上，我和她爸爸常常一起送她去学校，女儿便由此开始了一周的寄宿生活。

一个寒冷的冬天晚上，目送着女儿走进宿舍楼后，我们刚刚打算离开，站在宿舍楼旁的一位女士向我们走来，恳切地问："你们和孩子怎么有那么多笑声啊？"

我惊讶地问："您是怎么知道的？"

"我在这里待了快半个小时了，刚才见你们和孩子聊得那么开心，真是羡慕。唉！我女儿跟我怎么不这么亲呢？"

看到她那伤感的神色，我同情地问："您也是送孩子来住宿的吗？"

"是呀，我们一路上都在生气，连句话也没说，她去宿舍了，我就在这儿继续生气。这不就刚好看到你们了。这孩子就是不一样，你们的孩子看起来就是懂事儿，和你们相处得多好啊！"

"那您的孩子怎么了？她有什么不好的吗？"我不解地问。

"她不求上进，不努力学习，不遵守纪律，玩游戏……我怎么说都不管用，还总和我吵架。她说真不愿意回家，不愿意听我数落。"看来那孩子真令这位母亲十分不满了。

我劝说着："其实孩子们没太大的区别，我女儿也有自己的个性。不过，我总觉得孩子们挺可爱的，优点、长处挺多的。对他们多鼓励，多欣赏，多信任，时间长了，相处就融洽了，沟通就顺畅了。"一向不愿意教诲别人的我真希望在最短的时间里，能宽慰站在寒风中的这位母亲。

这件事情过去大半年了。后来每每送女儿去学校，我都会在心中默默地祝福，希望那对母女能够和睦相处；希望那女孩儿住宿一周后，能够笑声朗朗地跑回温暖的家。

我经常会遇到不愿意回家的孩子。他们独立，不愿意与父母沟通，其中不乏学习格外努力，在校表现尚好的学生。

其实，这类独立的孩子未必真的内心强大，而是他们选择了一种逃离父母、逃离家园的生存方式。倘若我们能够倾听他们的内心，那里一定回响着酸楚与无奈。

我们一直强调培养孩子的独立意识。我以为，如果孩子独立意识的建立以他们与父母心灵的隔阂为代价，那就是令人心寒的教育结果。

我们都曾经历过青春年少，如今又怎能不品味成长的岁月呢？我们能否记起，当我们背起行囊，挥别家乡时，溢于我们心中的，是留恋，还是释然呢？

家庭氛围在很大程度上能够决定我们的感受、我们的选择。和谐、平等、互爱的家庭气氛自然能让远行的我们感受周身的温暖和永恒的力量。

而做为父母，当我们努力培养孩子的独立意识时，应当在他们的心中注入绵绵的亲情。

由此，孩子的独立意识才是健康的，他们的内心才能更为丰盈。于是，当他们踏上远征的路途时，亦能够时时感知家中那盏祥和、温暖的明灯。

你多久没有感动过了

2012年10月8日 星期一

感谢向我推荐这部小说的我的女儿。在我们彼此交流对这部小说的感受之时，我猛然意识到，她已然长大，且平和、善良而正义。

最近，我静静地品味了一部小说——《岛》，这是英国著名作家维多利亚·希斯洛普的长篇处女作，也是2006年英国第一畅销书。

《泰晤士报》曾这样评价这部小说：

“在这个浮华的年代，你有多长时间没有为一个书中故事潸然泪下了？这个风靡欧洲的故事，哀婉悲伤，令人禁不住泪流满面……”

正在读高二的女儿向我推荐了这本书，她说她很喜欢。

其实，很久很久我没有真正地阅读长篇小说了，虽然欣赏中外文学作品曾是我在大学时的专业要求，但那已是遥远的20余年之前的事了。后来尽管接触过其他文学作品，却常常不得深入。想来，也许自己曾经亦是游荡于浮华年代吧？

而现在我却被这部小说深深地震撼。那几近结尾的笔墨令我唏嘘不已，感慨万千：

“过去几十年里，当索菲娅抛弃了把她抚养成人的那些人、那些地方时，她从来没这样清楚地意识到过。女儿让她像看电影中的人物那样看待她的长辈。最后，她看不到耻辱，只看到英雄主义，没有不忠，只有激情，没有麻风病，只有爱。”

没有不忠，只有激情，没有麻风病，只有爱——这正是这部小说所形成的意义所在。经历了悲怆与苦难，爱便更为深沉而厚重……对于这种感人肺腑、浑然天成的爱，任何溢美之词都难以全然描绘。

如今，我们能经常捕捉到这样一种爱的信息吗？我们能经常体会到这样一种爱的力量吗？

与这种根植于内心的爱相比较，现实生活中的某些爱往往基调张扬，浓妆艳抹；却常常失于底蕴，弱不禁风。

于是我想，我们真的需要懂得珍视与尊重。

感谢向我推荐这部小说的我的女儿。在我们彼此交流对这部小说的感受之时，我猛然意识到，她已然长大，且平和、善良而正义。

好久没有流露感动之情的我，真的被感动了。

“孝”的含义

2012年10月29日 星期一

我更为欣慰与感慨的是，女儿现在就意识到如何为孝。那么她在今后的人生路上，不再强作欢颜，不再被烦恼所羁绊，因为父母永远是她能够信赖、分担忧愁的朋友。

上周末，女儿的语文老师要求学生们写一篇关于“孝”的议论文。女儿对我说:“妈妈，我的论点是孝就是应该多与父母沟通，你觉得这样写行吗？”

我很惊讶，因为这正是我对“孝”的理解。我说 :“我也是这么认为的。我曾经写了一篇文章《孝顺并非意味着隐忍痛苦》，你可以看看。”

我接着说 :“我一直觉得孩子对父母的孝，不应该只是报喜不报忧，害怕给父母增添烦恼，独自忍辱负重。做为父母，应该理解孩子们奋斗的艰辛，孩子们有喜悦，但也会有苦恼。父母和孩子之间真应该多聊聊真实的心情，应该相互鼓励。”

“妈，我们同学中像我这种观点的真不多。再说，好像找不到哪位名人与父母沟通的例子来做为论据呀。”女儿面有难色地说。

“是啊，我们的传统教育中，孝的含义就是对孩子们提出要求，比如如何让父母放心，让父母开心。所以，好多孩子即使处境特别艰难，也不愿向父母倾诉。唉！”我的心隐隐作痛，“你将来可不要这样。如果有什么烦恼，一定要告诉妈妈。”

“妈，我们好多同学引用了《常回家看看》的歌词呢，证明孩子要常回家看看，这是孝顺的一种表现呢。”女儿随即哼唱起那首响彻大江南北的《常回家看看》，“找点空闲，找点时间，领着孩子，常回家看看。带上笑容，带上祝福，陪同爱人，常回家看看……”

是呀，今年重阳节时，“常回家看看”几乎成了各媒体的主要话题了。

“可是，那《常回家看看》里还有这样的歌词呢，”我也哼唱了起来，“生活的烦恼跟妈妈说说，工作的事情向爸爸谈谈……”

女儿仿佛茅塞顿开，兴奋地说：“妈妈，还真是这样的，那我也可以在作文中引用《常回家看看》的歌词来证明我的论点了！”

“是呀，常回家看看是要和父母交流的，不是只向父母讲高兴的事，也可以聊生活、工作的烦恼啊。”我也格外开心，因为我也为自己的观点找到了依据。

我感觉和女儿更亲了，我们又有了更多的共同的话题、相似的思想。

我更为欣慰与感慨的是，女儿现在就意识到如何为孝。那么她在今后的人生路上，不再强作欢颜，不再被烦恼所羁绊，因为父母永远是她能够信赖、分担忧愁的朋友。

心存感恩　励志前行

2012年11月26日　星期一

我时常祈祷，心地善良、懂得感恩的女儿，千万不要受到任何伤害。不过我始终相信，女儿在人生的道路上，善良且坚强。

本文标题是女儿班级即将召开的班会主题。女儿是班里的宣传委员，她不仅担任了这次班会的总策划之一，还亲自设计、制作了精美而独特的板报和请柬。

看着忙忙碌碌、开开心心的女儿，我笑着问："啥时候能忙完呢？都高二了，做这么多事儿不影响学习吗？"

"我这是在锻炼自己呢。再说，大家都有分工嘛，我是宣传委员，就应该做这些的。"女儿坚定地说。

其实，我的心里甜蜜蜜的：女儿一直这样，热心而执著。

我清楚地记得女儿在幼儿园时的一件事情，那时她刚刚4岁。

一个周末，她说下星期要带一些纸碟纸碗去幼儿园，老师要教小朋友们做手工。她强调说一定要多带一些，因为可能有些小朋友会忘记的。

我买了一大摞纸碟纸碗，帮助女儿带到了幼儿园。老师惊讶得对女儿大声说："天呀，咱们班只有你记得这事儿，其他小朋友都忘了！"

当时女儿的小脸红扑扑的，很满足的样子。我心里暖暖的，因为有一个心眼儿好的女儿。

小学快毕业时，女儿将自己和同宿舍的另外5位同学画在了一幅画里，并将这画复制后，分别送给了她们。女儿告诉我，她们这6个女孩儿相约，若干年后相聚时，每个人都要手执自己的这幅画。她说，因为要分别了，宿舍的女孩儿抱头痛哭。

听了女儿这番话，面带笑容的我心里流下了感动的泪水。

直至现在，每当看到家中挂着的这幅画时，我都在心里问，可爱的孩子们，你们现在都好吧？

初三下学期紧张地备考高中时，女儿精心绘制了班级全体女生集体照的彩画。我和女儿将这幅画复制了许多张，然后一一镶嵌在相框里，这就是女儿的毕业礼物。

老师和同学都非常惊喜，他们对这份礼物爱不释手，感慨地说，这真是最珍贵、最有价值的毕业礼物。

女儿说，老师们教给她许多知识，同学们让她懂得了友谊的可贵。

女儿就是这样，用她那点点滴滴、不饰雕琢的行动彰显着善良的天性，而这种善良自然而然地激发起感恩之情，二者相随相伴。

心存感恩，励志前行。其实这已然是女儿的写照。

我时常祈祷，心地善良、懂得感恩的女儿，千万不要受到任何伤害。不过我始终相信，女儿在人生的道路上，善良且坚强。

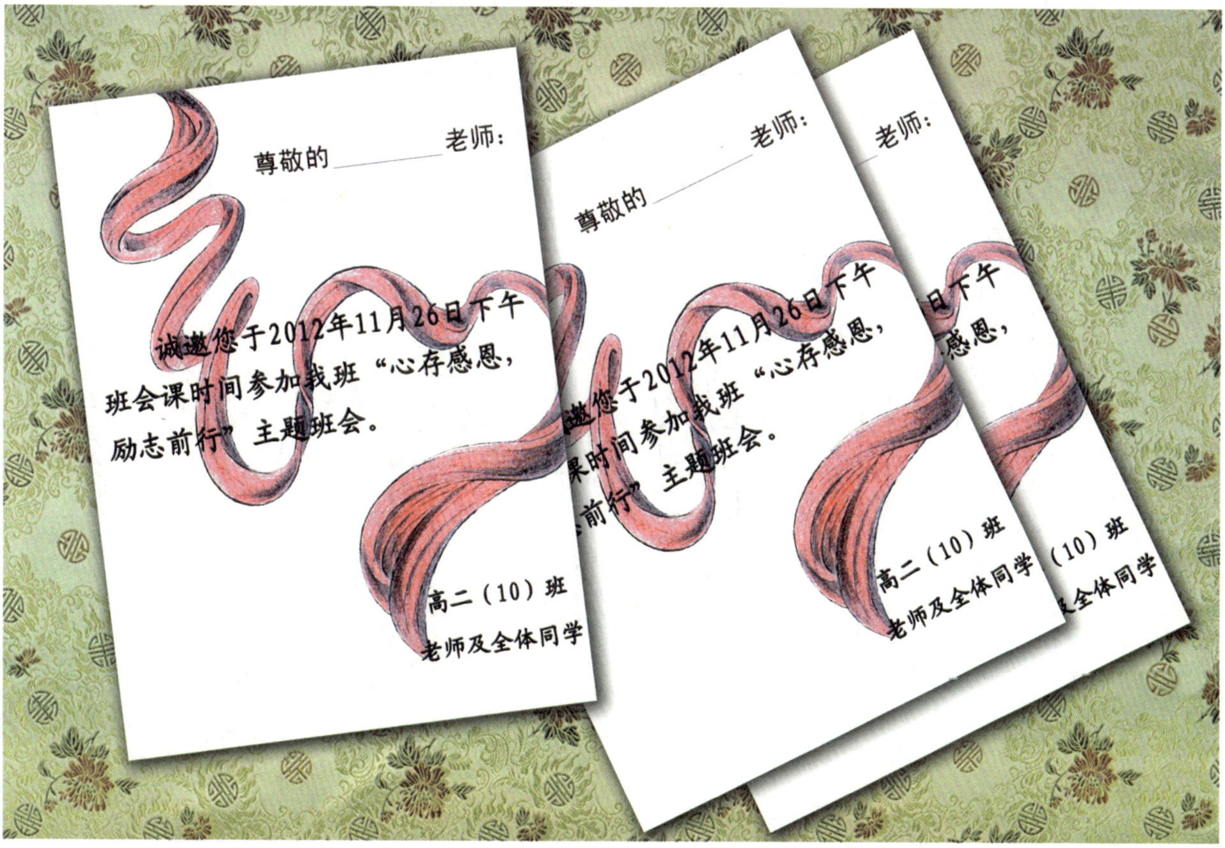

全葳设计的请柬

全葳小学毕业画

全葳初中毕业画

那些与我分担困难的朋友

2012年12月14日 星期五

冬日不再寒冷，因为你们的双手温暖而有力。

最近几天，北京的天空常常飘舞着漫漫白雪。

驱车接送女儿往返学校的我，如同其他不得不驾车出行的人一样，小心翼翼地行驶于湿滑的道路上，无心欣赏车窗外那银装素裹的景致了。

然而此时，我沉寂的内心会油然而生一种感动、一种敬意，因为那些与我分担困难的朋友们。

两年前的这个季节，我开始承办一个南方城市疑难复杂的案件，这意味着我必须频繁出差。考虑到女儿放学时，我将无法按时接她，我的心里便异常烦乱。这时一位好友爽快地对我说："你放心地出差吧，我来接孩子。"

当我完成了那个案件的承办工作时，已是第二年的炎炎盛夏。此时，我的女儿考上了她理想的高中，喜悦同样洋溢在我那位好友的脸上。

一次女儿身体不适，但我要在单位处理工作，无法去学校接她回家。情急之下，我试着拨通了一位好友的电话，她毫不犹豫地答应去帮我接女儿。我下班后见到女儿时，她说是这位阿姨的丈夫把她送回家里。后来这位朋友告诉我，其实那天她工作也非常繁忙，她的丈夫便毫无怨言地赶往我女儿的学校。

还有，还有……

所以，每当有人赞赏我那快乐而积极向上的女儿时，浓浓的暖意便会充盈于我的心间。在女儿成长的岁月里，虽然曾经并会继续经历风雨，但因为有朋友们不可或缺的鼎力扶持，女儿便始终能够信心满满地行走于人生之旅。她的每一个惬意的笑容，都映射出她所收获的友爱与善意。

那些与我分担困难的朋友，让飞舞的雪花带去我由衷的感激之情吧。

冬日不再寒冷，因为你们的双手温暖而有力。

可爱的女儿　妈妈信任你

2012年12月28日　星期五

女儿是个勤于思考的孩子，她对某些社会问题的见地精辟而成熟。也许正因如此，她才能够将曹禺笔下的陈白露表现得淋漓尽致。

前一段时间，女儿学校举办了话剧汇演活动。这一次，女儿荣幸地饰演了曹禺作品《日出》第四幕的女主角陈白露，她为此兴奋不已。

同时，女儿格外忐忑不安。她曾多次对我说，《日出》第四幕中，陈白露的语言少，但心里活动极为丰富，表情、动作要求高，难度大，她真害怕演不好。

我一直鼓励着女儿，但是心里也存有疑虑，因为陈白露这个人物太难以演得精准到位了。

正式演出那天，女儿不同意我去观看。她说："妈，您千万别来，不然我就更紧张了。"

那天，女儿穿上了我那件暗红底、绣有大朵牡丹花的旗袍，披上了我那淡黄色的蕾丝披肩；心灵手巧的同学为她梳妆打扮。当时的女儿一定典雅而精致。

演出结束后，我收到了女儿的短信："妈！语文老师说演得很好！老师们都说好！说尤其是我的气质！！！"

喜悦、激动的同时，我确实感到有些出乎意料：真的没有想到，女儿会出演得这般成功。因为直至现在，她从未接受过艺术方面的任何专业训练。

女儿小的时候，我和她爸爸曾问过她是否愿意参加艺术培训班，她断然拒绝。于是我们便尊重了她的想法。谁知，现在她自己渐渐地喜欢上了表演，而且开始崭露头角，踊跃参加学校组织的活动了。

其实，在女儿成长的每一个关键时刻，我和她爸爸都会倾听她的见解；因为女儿是个勤于思考的孩子，她对某些社会问题的见地精辟而成熟。也许正因如此，她才能够将曹禺笔下的陈白露表现得淋漓尽致。由此看来，我真的不应该感到意外。

缘于女儿的这次演出，我重新捧起了《日出》，细细品读起来。回想我最初接触这部作品，应该是大学时代的事了。而现在，读高二的女儿已经能够深刻领悟这部作品的意境，令我无比欣慰。

可爱的女儿，妈妈信任你。

话剧《日出》剧照　陈白露（全葳饰演）

在孩子的心田播撒正能量的种子

2013年1月1日　星期二

在孩子诞生的那一时刻，我们就应当意识到，我们播种于孩子心灵深处的，将是一种价值观念、一种生活方式；是孩子们未来立足于社会，回馈我们及社会的能力和表现。

近日，女儿向我推荐了一部动画电影——《幽灵公主》。她说，妈，这部电影挺有深意的，您一定很喜欢。

于是，我接触了这部电影。

《幽灵公主》始映于1997年的日本，意在探讨人类对环境的破坏，以及人类是否能够与自然真正和平共处等问题。该片在日本的票房高达193亿日元，在当时是日本史上票房最高的电影。

电影展现了这样的情节：神物本身都是善良的，但被人类触犯后，则会变成凶恶之物，成为灾难的制造者。例如，猪神拿各被人类的铁珠射杀后，变成了散播仇恨和诅咒的魔祟神。其所到之处，草木皆毁，人类受到伤害。另一猪神乙事主是个500岁的智者，它带领着森林中的野猪们为保护森林而与人类战斗时，中了人类的诡计，死后亦变成了魔祟神，疯狂地伤及人类。

可见，魔祟神对人类的伤害源自于人类之前对神物所施加的侵害。人类在肆意射杀神物的身体之时，亦在神物的心中埋下了仇恨。随后，化作魔祟神的神物便开始毁灭性地报复人类。

《幽灵公主》所传达的希冀人类与自然和谐相处的高远境界令我肃然起敬。同时，影片中的魔祟神让我几度陷入沉思，我不免想到了我们人类自身的成长。

几乎没有人质疑这样的观点：父母是孩子的第一位老师。可以说，父母是孩子人生的启蒙者、引领者。

于是我们常常看到：父母谦和礼让，孩子便知书达理；父母开朗乐观，孩子便阳光灿烂；父母重情重义，孩子便珍视友情；父母恪尽职守，孩子便勇于担当……

我尝试着比拟：父母以他们的日常言行作为种子，经年累月地播种于孩子们的心田。

所以，在孩子诞生的那一时刻，我们就应当意识到，我们播种于孩子心灵深处的，将是一种价值观念、一种生活方式;是孩子们未来立足于社会，回馈我们及社会的能力和表现。

这就是言传身教的力量。

如果我们不希望孩子们如魔祟神一般伤害他人，侵扰社会，那么就在他们的心田播撒颗粒饱满、充满正能量的种子吧。如此，孩子们便会热爱生活，尊重生命。

每个人都可以拥有成功的人生

2013年1月2日 星期三

成功并不神秘，并非遥不可及，平凡的一生依然可以绚烂精彩。

女儿读初中时，我曾经和她的一位老师探讨关于成功的话题，当时那位老师向我讲述了一个成功的例子。

她说，学校里有一位女生，成熟、懂事，德智体美劳全面发展，学业成绩始终名列前茅，最终考入了理想的名牌大学。老师赞叹道，这孩子太棒了！真是成功的典范！

我当时没有丝毫的激情，冷静地说："人生的路很长很长，理想的名牌大学并不是人生的终点啊。孩子们以后要面临生活、工作的许多现实问题，不能保证都能够一帆风顺。其实，只要他们尽力了，就是一种责任的体现，就称得上是一种成功。成功的方式很多很多，并不是只有考上名牌大学才称得上成功啊。"

老师不想再说什么了。从她的眼神当中，我看到了她对我这位家长的不解和失望。

实际上，许多年来，我始终无法理解，在现实生活当中，成功的含义为什么这般局限？

对于孩子们来讲，为什么只有考上名牌大学才算成功？

对于成年人而言，为什么只有官居高位，或者赚取、掌控、享用大笔钱财才算成功？

我心目中的成功一词，内涵极为丰富。学生努力学习，品行端正，就是成功；劳动者勤恳敬业，不拈轻怕重，就是成功；家长言传身教，培养孩子的责任意识，就是成功；能够享受平静的生活，身心健康，就是成功……

同时，我认同这样的观点：成功具有阶段性。一个人在某一阶段的成功，并不意味着其永远能够出类拔萃。

我仰慕一种人生，并将之定义为成功的人生，那是一种尽心尽力履行了自己所承担的每个社会角色的责任，并且直至生命尽头的人生。这样的人生也许从未辉煌，但不失光芒。

其实，成功并不神秘，并非遥不可及，平凡的一生依然可以绚烂精彩。

相信我们自己，每个人都可以拥有成功的人生。

以尊重的心态坚守对孩子的爱

2013年1月21日 星期一

如果父母始终能够怀着一颗尊重之心，呵护孩子的心灵，引导孩子的言行，那么，孩子们一定能够沐浴在阳光雨露之中。

昨天，做为女儿班级唯一的学生家长代表，我有幸受邀参加了由中共海淀区委教育工委、海淀区教育委员会主办，中国人民大学附属中学承办的“引领　担当——人大附中教育家办学实践研讨会”。

会上，国务院参事、人大附中校长刘彭芝做了主报告——《中国情怀　世界视野　有因有革　返本开新　追求卓越　勇于担当》。随后，通过人大附中办学实践案例、专题片、专家点评等引人入胜的活动，大家对刘彭芝校长的教育思想进行了研讨。

后来，在和女儿聊天时，我向她复述了会议期间，中央文史研究馆馆员舒乙先生向大家讲述的一件事。

一次，刘彭芝校长接受访问的时候，访问的人说：“你一定是把你的学校当成你自己的孩子。”刘校长听完这句话，立刻泪流满面，访问的人真是说到她的心坎儿上了。

我对女儿说：“刘校长把学校当成了自己的孩子，倾注了大爱。我真的很佩服她，我也因此懂得了父母应该爱自己的孩子，并且无怨无悔地坚守这份爱。”

女儿严肃地看着我，信服地点着头。

我克制着自己的情绪，因为我意识到了自己眼中的泪光。

其实，绝大多数的父母对自己的孩子都是充满爱意的，这缘于一种天然的血脉之亲情。

可是，我们常常感到困惑：为什么有的孩子感觉这份爱格外踏实，愉悦地接受；而有的孩子则感觉这份爱无比沉重，甚至拒绝呢？

我的体会是，这取决于爱的方式。

当我们走近人大附中时，首先映入眼帘的便是大门近处墙壁上的几行金色大字：

“尊重个性，挖掘潜力。

一切为了学生的发展，

一切为了祖国的腾飞，

一切为了人类的进步！”

于是我们会意识到，人大附中之所以能够业绩斐然，在教育界脱颖而出，是因为它秉持了一种教育理念——尊重。刘彭芝校长曾提出：尊重是教育的真谛，尊重是创造的源泉。

由于以尊重为教育的前提，人大附中便自然而然地形成了一种开放、多元、包容的氛围，于是学生们能够快乐学习，施展才华，全面发展。

这就是刘彭芝校长对人大附中所倾注的爱的方式。而学生们那发自内心的笑容和日渐增强的自信，显示着他们对于这样一种爱的欣然接受。

其实，父母对于孩子的爱，道理相同。

如果父母始终能够怀着一颗尊重之心，呵护孩子的心灵，引导孩子的言行，那么，孩子们一定能够沐浴在阳光雨露之中。这样的话，孩子们怎能不心悦诚服地接受父母给予的关爱呢？

现今社会，很多职业都要求我们具备相应的资质，否则我们将被拒之门外；而且，如果我们不能够胜任某一职位，我们亦将被淘汰。但是，我们每个人都有与生俱来的成为父母的资质；即便不能胜任这一职位，我们做为父母的权利也永远无法被剥夺。

所以，我们真的应当感到庆幸。

只是我们需要思考：我们能否以尊重的心态，向孩子们展现我们的爱呢？我们能否坚守这样一种爱的方式呢？

当红灯亮起时　请停下我们的脚步

2013年1月26日　星期六

父母是孩子的一面镜子。

关于中国式过马路，百度百科释义为“是网友对部分中国人集体闯红灯现象的一种调侃，即凑够一撮人就可以走了，和红绿灯无关”。

虽然绝大多数人对中国式过马路的现象予以反对、责难、抵制，媒体亦晓之以理、动之以情地告诫大家应当遵守交通法规；然而现在，十字路口仍然呈现着无所顾忌的中国式过马路的乱象，且这种现象似乎已经蔚然成风。

对于那些中国式过马路的参与者，我深深感到了他们对于生命的漠视。而其中那些被家长牵着小手的孩子们，着实令我心生担忧。

父母是孩子的一面镜子。

如果父母在十字路口贸然前行，孩子们便无法意识到红灯存在的实际意义。

那么，在将来的某一天，当这样的孩子独自行走到十字路口，对耀眼的红灯视而不见时，父母的心里能否平静？

而当父母苦口婆心地告诫孩子不要闯红灯时，孩子能否心服口服，欣然接受？

天下父母，谁不希望自己的孩子能够平平安安呢？

那么，当红灯亮起时，请停下我们的脚步。

那是我们在以行动警示孩子：珍视生命。

那是我们真诚地祝福孩子：一生平安。

2008.3.23
全葳

孩子的成长只有一次

2013年2月18日 星期一

我羡慕自己的女儿，她经历了童年时代的单纯、少年时代的青春期，以及如今的青年时代的思考……每个阶段，她都是那样的自然而然。她那灿烂的笑容告诉我：每个阶段，都给她留下了多姿多彩的记忆。

女儿的寒假生活即将结束了。

假期里，除了写作业，女儿将自己的生活内容安排得丰富多彩：学素描、打羽毛球、拍电影、做手工……

我曾对女儿说，估计绝大多数的同学都在赶着上各种课外班呢，毕竟都是高二的学生了。

“应该是吧。”女儿淡淡地说，“不过我越来越觉得上课外班并不能保证学习成绩好啊。其实最重要的是上课时专心听讲，完成好老师布置的作业。我们学校的老师可有水平了，可棒了！”每每谈及她的学校和老师，女儿都无不自豪。

“你说得太对了。”我心满意足地望着女儿。

“妈，我假期这么安排，您还挺支持我的。”女儿扬着头，仍然自豪着。

我怎么能不支持呢？

对于高中时代，高二的寒假应该是最后一个可以自由支配的假期了。在将来的假期里，孩子们将会全身心地投入学习，因为要储备充足的文化知识，迎接高考，迎接人生的第一次挑战。

昨天，女儿提议，希望开学之后能够继续学素描、打羽毛球。

我表示全然支持。

我怎么能不支持呢？

可以说，高二下学期应该是高中时代最后一个相对轻松的学期了，随之而来的高三的每一天，一定是紧张而忙碌。

记得高一结束，选择文科、理科时，女儿毫不犹豫地选择了理科。她当时对我说："妈，我已经考虑好将来要做什么职业了。我现在觉得一个人有自己的理想太重要了，这样就有了努力的目标。"

看着神态坚定的女儿，我感慨万千：女儿真的长大了。

我羡慕自己的女儿，她经历了童年时代的单纯、少年时代的青春期，以及如今的青年时代的思考……每个阶段，她都是那样的自然而然。她那灿烂的笑容告诉我：每个阶段，都给她留下了多姿多彩的记忆。

一位好友的话始终深深地震撼着我。她说，孩子的成长只有一次。

为此，我怎么能不支持女儿呢？

不一样的青春期

2013年2月25日 星期一

我会情不自禁地羡慕自己的女儿。她经历过典型的青春期，但从未有机会放弃自己的兴趣爱好。

女儿仿佛有绘画的天赋，她的许多画作令人惊叹不已。于是我常常会被问及一个问题，女儿是不是有这方面的遗传基因呢？

“她爸爸曾经喜欢画画，我看到过他原来的作品呢。”我解释着，“其实，我小时候也很喜欢画画，只是后来……”

后来，究竟怎么样了？

记得初中一年级时，学校举行了绘画作品展，我的水彩画被选为展品之一。

那一年的暑假，美术老师单独给我留了作业——画 10 幅画。他说，我挺有绘画潜力的，应该坚持画下去。

我不喜欢这位老师，便在心里恨恨地说：“我才不给你画呢。”于是从此不再绘画。

前一段时间，一位好友与我聊起青春期的话题。她感慨地说：“现在孩子们的青春期能得到家长和社会的重视了，咱们小时候怎么好像没有青春期呢？怎么好像就根本没听说过青春期这个词儿呢？”

我顿感困惑，是呀，我们的青春期在哪里呢？我们又是怎样度过的呢？

如今想想，我对于绘画的放弃，应该就是青春期逆反心理的一种表现吧。绘画原本是自己的兴趣爱好，怎么能因为不喜欢美术老师，就断然放弃了呢？

现在，每每想起这件往事，我都会情不自禁地羡慕自己的女儿。她经历过典型的青春期，但从未有机会放弃自己的兴趣爱好。

若干年后，女儿一定感到欣慰，因为她的每一幅画作，都是我们家中的珍品。

追寻心中的理想

2013年3月4日 星期一

无论我们经历了什么，我们都依然孜孜不倦地追寻着心中的理想。实现了理想，便不留遗憾。

正在读高二的女儿有了自己的职业理想，且态度很坚定，我表示完全理解。

记得高中时代，我也有了自己的职业理想。那时，我对法律萌生了一种亲切感，这便成为了我决定选择文科的重要依据。

后来，由于一些原因，我与法律专业失之交臂。然而，在我经历了大学学习、国家机关工作的十几年后，在我有机会对职业再行抉择时，我成为了一名律师。我曾经感慨地说，绕了一大圈，最终还是无法割舍心中那隐隐的、最初的理想。

于是，我能够常常回到故乡看望父母，直至与兄妹们在父母病榻前彻夜守候；我能够时常陪伴着女儿，与她共同经历成长过程中的忧愁与喜悦；我能够以法律专业知识，尽力帮助当事人走出不期而遇的困境……

最近与女儿聊天时，我说："妈妈决定做律师时，除了希望为当事人提供法律帮助外，还希望能够有时间多陪陪父母，多陪陪你。这样，走过了这十几年。"

女儿点着头，羡慕地说："妈，您这一切都做到了。"

其实，我曾经一度感觉，职业对于我们的生活状态有很大的影响。选择了某种职业，便意味着选择了某种生活状态。

现在看来，我的这种感觉并非全然正确。听一位同事讲，她的女儿曾说，长大以后坚决不做律师，因为没有时间陪伴自己的孩子。

我的内心格外酸楚，为了这个眼巴巴的，而又斩钉截铁的孩子。

同为律师，有些人的工作即是生活的全部，因为对他们而言，工作着是快乐的；而我则更为倾心于工作内容的可选择性与工作时间的阶段性，这也正是我所希望的生活状态。

所以，当女儿设想她将来的职业，并一直为这个理想而努力时，我赞赏并支持着。

因为我知道，无论我们经历了什么，我们都依然孜孜不倦地追寻着心中的理想。实现了理想，便不留遗憾。

理想的人生原本如此吧。

传递正能量的讯息

2013年3月20日 星期三

倘若我们能够相互传递正能量的讯息，彼此激励，即便天空常有雾霾，我们的内心不始终会变幻着明快的色彩吗？

星期一清晨，我刚刚走到户外准备锻炼时，便被铺天盖地的风沙吹回了家中。这一天里，近于6级的大风始终骄狂地肆虐着，不曾停歇。

当天晚上，我去接晚自习放学的女儿。当女儿迎面走来时，我紧紧地拥着她。在这瑟瑟的寒风中，我们温暖着对方。

“今天晚自习的课间跑步了吗？”我试探着问。晚自习的课间，女儿一直坚持着跑步。

“跑了。”女儿平静地说。

“天啊，这么大的风，你竟然还能跑步！”我惊叹着，“我今天早晨都放弃锻炼了！”

“跑起来就感觉不到风了。”女儿脸上挂着微笑，一如常态。

“你太棒了！看来，妈妈得向你学习了。”我发自内心地敬佩地说。

前一段时间，女儿和我聊天时说，一次上体育课，她们班的男同学跑了2000米就气喘吁吁地纷纷停了下来。女儿对他们说：“我妈妈每天早晨都锻炼，要跑好远呢。”那些男同学立刻又绕着操场跑了起来。

女儿得意地说：“妈，我们同学可佩服你了。”

我颇感意外。我真的没有想到，自己锻炼的习惯竟然能够感染孩子们。

生活中，人们经常通过自己的言行释放着某些讯息，并感受着他人的这些讯息，比如价值观念、生活态度等。正能量的讯息有助于提高我们感知阳光的能力，而负能量的讯息往往代表着消极、哀怨的思维方式。

倘若我们能够相互传递正能量的讯息，彼此激励，即便天空常有雾霾，我们的内心不始终会变幻着明快的色彩吗？

为此，感谢那些给予我正能量的所有的人，包括我的女儿。

妈妈不能病

2013年3月25日 星期一

我感到格外释然，我已然意识到，女儿理解了我，女儿真的长大了。

昨晚送女儿去学校的路上，女儿说，老师讲了这样一个故事：

一个孩子在年幼时，父母不幸去世，于是由奶奶独自抚养着。孩子长大成人时，奶奶已经年迈，但身体却依然硬朗。

老师分析说，奶奶的身体之所以一直很好，重要的原因是她有一个信念，那就是一定要坚持着把孩子带大。如果奶奶失去了生命，孩子该怎么办呢？所以，奶奶不能病。

讲完这件事，女儿问我："妈，在我的印象里，您好像从来没有生病似的。您是不是为了我，也像那位奶奶似的？"

女儿的问题令我震惊，因为这段时间以来，我的脑海中经常闪现着这个命题——妈妈不能病。

我坦诚地告诉女儿："妈妈坚持锻炼身体，既是为了保持身体健康，还有一个重要的原因，就是希望无论发生什么事情，妈妈都能陪伴着你。有妈妈陪着，你的生活秩序就不会被打乱了，你就会感到踏实了。"

女儿沉思了一会儿，而后惊喜地说："妈，还真是这样的。"

"其实，妈妈也生过病，但很快就好了。"我淡淡地说。

"是吗，我怎么不知道呢？"女儿很是意外。

"你将来在有孩子之前，一定要有充分的思想准备。做妈妈的，要坚强，不能病啊。"我笑着说。

此刻，我感到格外释然，我已然意识到，女儿理解了我，女儿真的长大了。

写真集
2012.8

没有坏孩子　只有成长的过程

2013年4月8日　星期一

我们应当允许孩子们的天性得以流露与释放，应当耐心地等待孩子们度过青春年少，应当让孩子们自然而然地成长，让他们经历一个完整的人生。

昨天，我的QQ邮箱收到了一个漂流瓶。打开瓶子，我看到了一位匿名瓶友的问题：在父母眼里，孩子是好孩子还是坏孩子？

我回复：这要看父母的教育理念了，如果是赏识教育的方式，那孩子一定是好孩子了。我推崇赏识教育的理念，好孩子是夸出来的。

这是我的真实感受。

女儿读初中时，她所在的班级里，男生有30多名，女生有10名。孩子们正处于青春期，再加之男生居多的缘故吧，纪律问题格外突出。我那孩子尽管是女孩儿，但天生活泼好动。实事求是地说，由于纪律问题，我应该是女儿班级里被老师单独约谈次数最多的女生家长了。

初二寒假前夕，女儿班级的纪律问题一定是到了令学校忍无可忍的程度了，学校专门为这个班召开了家长会。

会场的气氛可想而知。校长和老师列举了学生们不遵守纪律的种种事实后，家长们开始纷纷发言。

一位成绩极好、纪律极好的乖乖女的家长严厉地说，那些上课说话、有小动作的孩子不仅违反了纪律，而且影响了其他学生的学习，她的女儿就经常受到干扰。这些学生不仅仅是不遵守纪律，简直是对规章制度的漠视。无法想象，没有纪律观念的学生将来会发展成什么样。

另一位家长说，有的学生上课时，给前面同学的后背贴纸条；还有的学生偷偷地将甲同学的书放到乙同学的书桌里，让甲同学无法找到。这简直就是恶作剧，这是什么品行啊？

还有一位家长指着自己孩子的桌子说，大家看看，孩子的书桌里都乱成什么样子了？做为一名学生，连书本都不知道摆放整齐的话，将来还能把别的事做好吗？

家长们你一言，我一语，教室里充满着对孩子们的指责、批评。

这样的氛围始终让我不解，终于，我站了起来。

我没有时间组织自己的语言，全然用心地说：

我知道，我的女儿上课说话，纪律不好，影响了周围同学的学习。而且她是班干部，没有起到模范带头作用。做为家长，我表示真诚的歉意。

孩子确实有缺点，但她在努力地改正着，我看到了她有细微的进步，她在一天天地成长。我相信她今后一定会有更大的进步。

我觉得我们不应当对孩子们求全责备。他们出现的纪律问题只是阶段性问题，是孩子们在成长的过程中一种天性的体现，是青春期的正常表现。我不认为这些问题属于本质问题、品行问题。

我们应当允许孩子们的天性得以流露与释放，应当耐心地等待孩子们度过青春年少，应当让孩子们自然而然地成长，让他们经历一个完整的人生。

况且，谁能没有缺点呢？我们可以问问我们自己，我们在生活中、工作中，难道就是一个完人吗？就不存在任何问题吗？

既然这样，我们为什么要求孩子们十全十美呢？

孩子们固然有缺点，但都有各自的优点、长处。比如我的女儿就是一个有爱心、有公益心的孩子，她一直在为班级、为集体的事尽心尽力。

这些孩子多可爱啊！

这番话刚刚讲完，出乎我的意料，教室里竟然响起了掌声。

家长会后的第二天，女儿说："妈，我们同学从他们家长那儿听说您发言的内容了。同学们说，您发言就是与众不同，您太理解我们了。"

我趁机说，妈妈能够理解你们，不过你和同学们聊聊，大家是不是别让老师太操心了？老师多辛苦啊。

"好的。"女儿丁丁脆脆地回答。

渐渐地，女儿和她的同学们懂得纪律对于学习的重要性了，我也几乎再没有因为她的纪律问题而被老师单独谈话了。

中考时，女儿班级取得了全校最好的成绩，女儿和她的许多同学都考取了理想的高中。

后来，每到教师节，女儿和同学们都要结伴回到初中，看望亲人般的老师们。他们那灿烂的笑容和彬彬有礼的姿态，是送给老师们最珍贵的礼物。

最近，正在读高二的女儿在给同班同学介绍学习经验时，真诚地说，学习没有什么窍门，上课集中精力、注意听讲是最最重要的。

她还说："妈，我初中时，为什么上课要聊天，要玩手机呢？现在想想，真不应该。"

我笑着说，那是一个成长的过程。

是啊，没有坏孩子，只有成长的过程。

女儿学校的电影节

2013年4月15日　星期一

因为女儿在此读书，我便幸运地成为了这所学校的一位家长。于是我能够与孩子们共同融入包容与尊重的学校氛围，能够与孩子们共同经历多姿多彩的中学时代。

近日，女儿学校的第八届电影节拉开了帷幕，同学们自编自导自演的20余部电影相继隆重展映。

女儿为此忙碌了起来。她为她饰演了角色并承担场记等工作的影片《逆袭》设计了电影票；与剧组的同学为影片做宣传，出售影碟；不厌其烦地向我讲述着剧情，还有放映后的效果……兴奋的神采映红了她那白皙的脸庞。

其实，兴奋的何止是女儿呢？这段时间，我把女儿买回的所有影碟都认认真真地逐一观看；而对于《逆袭》更是厚爱有加，一遍遍地观看，一遍遍地品味。电影与电影节成为了我和女儿最近谈论最多的话题。

我敬佩这些孩子们。透过几乎每一部影片，我都能强烈地感受到他们蓬勃的创造能力、细致的洞察能力、综合知识的掌握与运用能力、独立的思考能力、是非曲直的辨别能力、驾轻就熟的表现能力……

我曾惊讶地问女儿："有些影片里，你们学校的老师还参与表演哪。他们不担心你们拍摄电影，会影响学习呀？"

"老师们可支持我们了。"女儿无不自豪地说，"这是我们学校所有人的活动。"

于是我更加理解，为什么这所学校能够令孩子们倾注深深的爱意。

我常常在心里感谢女儿：因为女儿在此读书，我便幸运地成为了这所学校的一位家长。于是我能够与孩子们共同融入包容与尊重的学校氛围，能够与孩子们共同经历多姿多彩的中学时代。

一天，在谈论电影节时，女儿说："妈妈，将来若干年后，咱们国家的电影界肯定会出现我们同学伟大的作品。"

我相信女儿的话，伟大与不朽的作品一定源自于有思想、有内涵、有社会责任感的人。

电影《逆袭》剧照　剧中女孩（全葳饰演）

女儿心目中的学霸

2013年4月29日 星期一

我赞赏女儿的创意：一日三餐吃饱，睡眠时间充足，集中精力听讲，学习、运动劳逸结合。

学霸一词近来在学生中广泛流行，意指专注于学习、分数很高的学生。而女儿心目中的学霸则内涵更为丰富。

期中考试刚刚结束，女儿班级便承担了为学校绘制一期板报的任务。身为班级宣传委员的女儿责无旁贷，自然而然地领受了这个任务，并将这期板报命名为《学霸周刊》。

其中，女儿设计了一个《学霸 24 小时作息时间表》。

这期板报吸引了众多老师和学生的目光，引发了各种各样的评论。而最为普遍的是几乎每个学生都在问："天哪，还能午睡？还能玩儿？"

的的确确，在学业任务非常繁重的今天，很多孩子除了学习之外，很少休息、运动，甚至舍不得时间吃上一顿饱餐。一些学霸更是如此，学习，学习，再学习；学习几乎成为了他们生活的全部内容。

不过，智者乐水，仁者乐山。学霸们如果以此为乐，则应当得到他人的理解与尊重。而我则更为赞赏女儿的创意：一日三餐吃饱，睡眠时间充足，集中精力听讲，学习、运动劳逸结合。

这是女儿所推崇的一种状态，也是她的快乐所在。

学霸24小时作息时间表

时 间	内 容
6:30	起床
6:30-7:00	饱餐
7:00-7:30	上学
7:30-12:00	专心听讲
12:00-12:45	饱餐
12:45-13:35	午睡
13:35-17:00	专心听讲
17:00-17:30	回家
17:30-18:30	运动、玩儿
18:30-19:30	饱餐
19:30-22:30	认真学习
22:30-6:30	睡觉

值此母亲节之际　感谢我的女儿

2013年5月12日　星期日

做为母亲，我觉得应该感谢我们的孩子。是他们，让我们的生命得以延续；是他们，赋予了我们做为母亲的权利。

今天是母亲节，我要感谢我的女儿。

由于女儿的诞生，我成为了一名母亲，享有了一个完整的人生。

我牢牢地记得女儿曾经说过的一段话。

那是3年前，我将家里进行了重新改造与装修。女儿那小小的房间被淡雅的色彩、时尚的家居和精致的饰品充盈着，温馨而舒适。女儿说，妈妈，您小时候也希望有这样的房间吧？现在您把我的房间打扮得这么漂亮，一定是不希望给我留下遗憾吧？

记得上世纪70年代中期我刚上小学时，在一个亲戚家看到了一本小画册。画册的封面是一群北京孩子于六一儿童节在天安门城楼前的合影——那是一群穿着漂亮裙子、花枝招展、与我同龄的女孩子。

这张照片一直深深地印在我的记忆当中，挥之不去。

女儿出生后，我兴奋不已。在她出生后的第一个六一儿童节，我就给她买了条粉红色的公主裙。当把裙子罩在女儿身上时，我格外惬意与满足。

现在，每当回忆起那个情景，我都会忍俊不禁，那是一个多么滑稽的景象：那时的女儿刚刚8个月，尚不能独自站立，白白胖胖的身体，还有那几乎没有头发的圆圆的脑袋。

后来，随着女儿的长大，她给予了我越来越多的感动——她的坚强与毅力、她的善良与友爱，以及到了现在，她所呈现的对人对事的成熟观点及对理想的执著追求。

我和女儿也会谈及她幼时的一些言行和曾经的青春期。女儿会说：“妈，我那时候怎么能那么说话，那么做事呢？真是太没礼貌，太伤人了。”

几天前，女儿跟我讲，在上英语外教课时，老师列举了一些词汇，请同学们选出自己认为重要的词汇。女儿所选的词语当中，有亲情一词。

女儿对我说，因为我觉得我不能缺少妈妈。

那一刻，我看到女儿的眼睛湿润了。

女儿说，妈，以后我也要生养孩子，这样等到老了，有孩子的陪伴，就不会孤独了。

我说，好儿女志在四方，孩子成人后总要走向社会，去奋斗的。你也一样，将来要到适合自己发展的地方去工作啊。

这就是女儿成长的过程。这个过程当中，我们有苦痛，有伤痕，但更多的是欢笑；我们有无奈，有动摇，但更多的是坚持。我们彼此不仅仅是亲人，更是可以倾心交流的朋友。

做为母亲，我觉得应该感谢我们的孩子。是他们，让我们的生命得以延续；是他们，赋予了我们做为母亲的权利。

值此母亲节之际，感谢我的女儿。

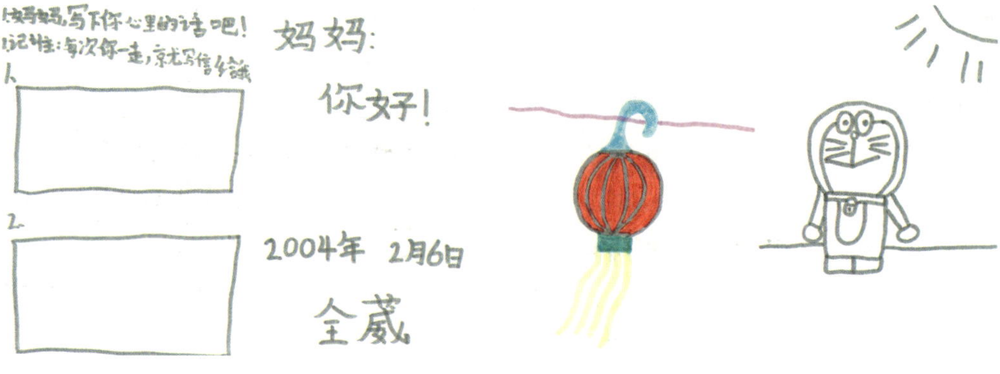

女儿的快乐之源

2013年5月14日 星期二

予人以友善，予人以笑容。

最近，女儿学校开展了“寻找身边的榜样”评选活动，女儿荣获了“团结友爱奖”，她是班级唯一获得这个奖项的学生。

女儿兴奋地对我说：“妈，这是同学们投票的结果，他们对我真是太好了！”

随后，她疑惑地问：“妈，老师让我填写一张表格，要写上自己的先进事迹。我有啥先进事迹呀？”

我如数家珍地说，学习上，同学有问题时，你毫不保留地给他们讲解；生活上，你热心帮助同学，比如你带的好吃的，同学随便吃；工作上，你组织、策划班级的活动；你还热心参加学校的活动，与同学友好协作，为班级争得荣誉。那真是太多、太多了！

女儿说，妈，这些都算是先进事迹呀？我一直以为这些都很平平常常。我觉得我对别人友好，别人就会有好的心情，那么大家不就能够和和气气的相处了吗？在这样的环境里生活、学习，我自然也会感到快乐了。人活着，不就是追求快乐吗？

此刻，毫不夸张地说，我对自己这个尚未成年的女儿肃然起敬。

记得很多年以前，我曾经受邀参加一个聚餐，聚餐的召集人、出资人是崔姐。那时，我与崔姐相识不久，感觉她有气质，很平和。

正当我梳妆完毕，兴冲冲地准备前往聚餐地点时，另一位受邀者突然问我：“崔姐为什么要请咱们吃饭呀？她是不是有什么事儿呀？”

我顿时感到惊愕，心里在说，为什么请吃饭就一定是有事相求呢？我们为什么要这么揣度别人呢？

事实上，除了愉快的交流，除了欢声笑语，那次聚会上，崔姐没有要求我们为她做任何事。并且直至现在，她也从未提出这方面的要求。

我常常听到一些人用物欲横流、人心不古来悲观地定义现实社会。我则始终坚信，并非每个人在与人相处时，都怀有功利之心。

我们身边一定会有这样的人，他们予人以友善，予人以笑容。他们从不索求任何回报，却永远拥有春光明媚的心情。

我那成长中的女儿，希望“团结友爱奖”并非你暂时的奖项，而是伴随你一生的生活方式，是你永不枯竭的快乐之源。

轻生的季节　父母们在想些什么

2013年6月28日　星期五

是孩子们令我们的生命得以延续，令我们实现了做为父母的梦想，令我们享受了做为父母的权利。我们不应当对孩子们怀有更多的谢意吗？

今天下午，北京交通台一档节目讨论了高考的话题。一位嘉宾谈到，每年的6、7月份是轻生的季节，一些高考失利的孩子认为对父母欠下了债，无法偿还，所以选择了轻生。

孩子们为什么会有对父母欠债的心理，原因相当复杂，难于梳理清晰。但我感觉，一个普遍的原因是父母的言行造成了孩子们这种心理负担。

在我们周围，常常有这样的父母，他们在生活上照顾孩子之时，会满腹怨言。他们会喋喋不休地对孩子说，我把你生在世界上，还要整天辛辛苦苦地伺候你，你不应该感谢我吗？我付出了这么多，你如果不好好学习，你如果将来不孝顺我，对得起我吗？

这样的家长一定忘记了一个事实：孩子是否出生，完全由父母决定，孩子无从选择；孩子在尚未成年之时，父母有法定的抚养、照顾的义务。

而这一切的一切，孩子有什么过错吗？为什么孩子们无法得到阳光般的抚慰，却要时时背负着欠债甚至是负罪的心理包袱呢？

说实话，一部分在这种家庭环境中成长的孩子，即便没有选择放弃生命，也给未来的生活、工作埋下了隐患。

有一个家庭。家长每每做家务劳动，家庭当中便充斥着牢骚、指责和怨气。他们从不愿意为他人付出，即便付出的对象是自己的家人，包括孩子。他们始终表明一种态度：我为你付出了，你就对我负有债务。

遗憾的是，孩子们认同了这样的家庭教育，认同了这样的价值观念。他们和父母之间常常因为家务琐事而恶语相加。后来，他们虽然考取了重点大学甚至名牌大学，却不具备融入社会、与人沟通、和睦相处的能力。所以，他们有的多年没有工作，有的婚姻生活难以为继。他们虽然没有在生命上选择了轻生，但在生存能力上已处于轻生的状态。

这个例子近乎极端，却真真实实。

其实，全天下有责任感的父母，哪一个不劳顿，哪一个不辛苦呢？

然而，是孩子们令我们的生命得以延续，令我们实现了做为父母的梦想，令我们享受了做为父母的权利。我们不应当对孩子们怀有更多的谢意吗？

我们深有体会，父母的言行对孩子一生的影响该有多么重要。

如果父母能以感恩、开放的心态对待更迭的四季，对待生存的环境，对待身边的每一个人，那么，孩子们便能够感受到五光十色的生命色彩，便能够向周围释放热爱生命的正能量。

轻生的季节，父母们在想些什么呢？

女儿语录——关于阅读理解

2013年7月7日 星期日

女儿说，对于同一篇文章，对于文章中的某句话，不同的人当然会有不同的理解呀，这才符合客观实际呀。

读高中以来，女儿一直苦恼于语文考试的阅读理解题，因为她的答案经常与标准答案相去甚远。而所谓阅读理解，就是列出某篇文章中的某些语句，要求学生说明对这些语句的理解。

对此，以文科擅长的我实在没啥灵丹妙药可以传授。只是每当女儿满脸愁容时，我便鼓励着：“没关系，高三时，老师会教给你们答题方法的。”

一次，聊到了语文考试。这次考试的阅读理解题是对某位已故作家的某篇文章进行理解。

预料之中，一如往常，女儿的答案不正确。

女儿恨恨地对我说：“妈，我真想把那作家从坟墓里挖出来，问问他那篇文章中的那句话究竟是什么意思，我的答案究竟对不对。”

我深表同情，却又忍俊不禁：唉，这孩子，看来真是没辙了。

又一次，聊到了语文考试。

女儿说：“妈，这阅读理解题，不应该问‘学生是如何理解的’，而应当问‘老师是如何理解的’。”

“为啥呢？”我奇怪地问。

女儿说，对于同一篇文章，对于文章中的某句话，不同的人当然会有不同的理解呀，这才符合客观实际呀。如果只把老师的答案做为唯一的、正确的答案，那我们只能猜测老师是如何理解的了。

我仿佛茅塞顿开，女儿的分析确实有道理！我这曾经的、绝对的、足金足银的文科学习标兵，怎么从来没有这么想过呢？

可爱的女儿啊。

女儿学校的电影节颁奖典礼

2013年7月8日 星期一

我曾经目睹了女儿剧组孩子们的艰辛奋战、精益求精，如今与他们共同品尝着收获的喜悦和甜蜜。

今天，女儿和她的同学们隆重地庆祝了自己的节日——“人大附中第八届学生电影节颁奖典礼”。

22个剧组的孩子们身着盛装——这是他们精心挑选、试穿多次、珍藏多日的服饰，高雅、自信地踏着红地毯，走向了颁奖典礼的舞台。这个舞台虽然并非星光灿烂，但在孩子们的心目中，却最为华美，最为悦目。

女儿参与的电影《逆袭》荣获了多个奖项：最佳编剧、最佳导演、最佳音效、最佳男女配角。女儿凭借自然、清新的本色表演，摘取了“最佳女配角”的奖项。这实在出乎女儿和我的意料，因为她除了对这部电影满腔热情的参与精神之外，从未接受过演艺方面的任何培训。

格外羡慕女儿和她的同学们。高中阶段，他们便可以通过自己制作的影片，诠释与展现自己对生活的理解、体会与期望。对于孩子们来讲，这段经历一定受益终生。

同时，我无不庆幸：我曾经目睹了女儿剧组孩子们的艰辛奋战、精益求精，如今与他们共同品尝着收获的喜悦和甜蜜。

祝福孩子们！

№ 09
《逆袭》· 全葳
人大附中第八届学生电影节
The 8th RDFZ Student Film Festival
—最佳女配角—
—Best Supporting Actress—
感谢剧组为人大附中学生电影节做出的巨大贡献
你们的故事将成为校园的一段传奇
This special award is herebe given to your group, in recognition of the film's unique mastere of designing and creating, also in acknowledgement of its contribution in the 8th RDFZ Student Film Festival. As legend has it, your work and your story will be engraved on the stone of the campus.
中国人民大学附属中学
中国人民大学附属中学校团委
中国人民大学附属中学 校长
2013年7月

电影《逆袭》剧组全体演职人员

走在红地毯上的电影《逆袭》演员

幼儿园的朱阿姨

2013年7月10日 星期三

我一直从心底感谢朱阿姨。虽然她没有什么文化，经济条件亦不宽裕，但纯朴的她竭尽全力地支撑着幼儿园，一路扶持着我和女儿，走过了那段成长的岁月。

前几天，我和女儿遇到了年近80、身体依然硬朗的朱阿姨。这时距我和老人家最近一次相见已然过去了五六年之久。

我向女儿介绍道："这位就是朱奶奶，你上的第一个幼儿园就在朱奶奶那儿。"

"朱奶奶好。"女儿笑着问候着。

"是妞妞吗？这孩子都长这么高了，真好。"朱阿姨欣慰地说道。我暗自佩服：老人家竟然能记得孩子的名字，这记忆力真够棒的。

"阿姨，当年多亏了您，谢谢啦！"我望着老人家，由衷地说着。

是的，每当想起朱阿姨，想起她办的那所如今已不复存在的幼儿园，我的心中就会荡漾起感激的涟漪。

在女儿一岁半时，做为上班族的我不得不将她送到了朱阿姨自办的幼儿园——这里的孩子均未满3周岁。因为根据有关规定，孩子只有年满3周岁，才能被正规的幼儿园接收。

那时的女儿说话比较迟缓，当绝大多数同龄的孩子能够表达自己的基本意思时，女儿还说不出完整的一句话。可以想象这样的孩子在陌生的环境里，内心该有多么焦虑。

记得那段时间，在把女儿送往幼儿园的路上，常常是女儿难过地哭着，我也流着泪。当我将孩子交给朱阿姨，转身离开时，内心仍然止不住阵阵酸楚。

每当我下班后，兴冲冲地赶往幼儿园时，我常常看到满脸泥土的孩子们蹲在地上，手心里握着泥土，相互间拍打着。朱阿姨的幼儿园条件有限，狭小的室内仅能摆放有限的床铺，户外一小块空地儿亦无法安放任何娱乐设施。与泥土相伴自然就成了孩子们睡觉、吃饭之余的全部活动内容。

那段时间，问到女儿在幼儿园吃的是什么时，女儿常常会稚嫩而认真地说：“馒头，豆腐。”

后来，女儿长到了 3 岁，进入了正规幼儿园。我记得和朱阿姨告别时，朱阿姨极为不舍地说：“孩子长大了，真是留不住了。”

我一直从心底感谢朱阿姨。虽然她没有什么文化，经济条件亦不宽裕，但纯朴的她竭尽全力地支撑着幼儿园，一路扶持着我和女儿，走过了那段成长的岁月。

实现理想的道路没有捷径

2013年7月15日 星期一

成长中的女儿啊，每至人生的关键时刻，她都会通过独立思考，为自己做出规划。

这个暑假结束，女儿就要读高三了！

假期的第一天，女儿对我说："妈妈，我觉得一个人如果要取得好成绩，真得需要勤奋。如果不勤奋，即使再聪明，也不会有理想的成绩。"

我暗自高兴：女儿曾经一度执著地认为智力决定一切，而今终于意识到踏踏实实地努力学习的重要性了。

"是啊。"我感慨地说，"实现理想的道路没有捷径，必须竭尽全力，其实这个过程挺艰辛的。"

"妈，是这样的。"女儿赞同道。

我随即补充道："有的时候即便努力了，也可能没有实现理想；但是如果不努力，肯定不能实现理想。当我们尽力而为之后，无论结果如何，都将不留遗憾。"我很清楚，我也在倾听着自己的声音。

"妈，我知道。"女儿爽快地说。

成长中的女儿啊，每至人生的关键时刻，她都会通过独立思考，为自己做出规划。

于是我不再多语。我意识到我应该相信女儿，一如往昔。

2008.10.29

令孩子受益终生的话语

2013年7月19日 星期五

对于成长中的孩子而言，那发自内心的肯定与赞扬的话语，往往会让他们受益终生。

邻家有一个精致、端庄、活泼的女孩儿，真是人见人爱。

但是昨天，女孩儿的母亲苦恼地对我说，孩子的某些缺点给周围的人造成了不好的影响。

这位母亲问我如何能让孩子予以改正。

我说："孩子有缺点挺正常的，只要家长方法得当，孩子会逐渐改正的。"

我建议说，最好采用循循善诱、正面引导的方式，而不要打击、责难孩子。另外，尤其重要的是，一旦孩子有了好的表现，一定要及时给予赞赏与肯定。

我向这位母亲讲述了一件我亲身经历的事情。

我读高中二年级时，家中遭遇了一场意外之灾难。那段时间，经常有亲戚、朋友和熟识的人来看望、安慰悲恸欲绝的我们。

一天，邻家的一位大姐姐来我家时，看到了忧心忡忡的我。她神情认真而凝重地对周围的人说："飞飞真懂事儿。"

我有些惊讶，愣愣地站着，我真的没有预料到我会得到别人的这般夸奖。

从那天开始，无论做什么事，我都有意识地提醒着自己，努力让自己更加懂事儿。我知道自己在渐渐地长大了。

这些年来，我一直在心里感谢着大姐姐，是她的那句话令我顿悟。

我也因此受到了启迪：对于成长中的孩子而言，那发自内心的肯定与赞扬的话语，往往会让他们受益终生。

2007.12.2
全葳

没有北京户口的孩子们

2013年7月26日 星期五

留在北京，我知道自己终将是一个平凡、渺小的人；但对孩子而言，北京就是她生活的平台，北京就是她成长的起点。

家里的一块钟表坏了。因为几年前自己对它一见钟情，现在无论如何不忍将它丢弃。于是我到附近的钟表店，请那儿的师傅帮忙修理。

说是钟表店，其实是毗邻一个大超市的小门面房。这里出售钟表、锁具、手机和电脑的零配件、充值卡、小饰品等，同时经营着修理钟表的业务。这家店铺的主人是一对40岁左右的来自南方的夫妇，男人成熟、干练，女人温婉、和善。他们相互配合，相得益彰；所以生意虽小，但顾客经常是络绎不绝。

他们在这里工作已有10年之余，为我及时修好了家中所有出问题的钟表。

而这一次，我的钟表却迟迟未能修理。一贯微笑的女人面有难色地说，丈夫有事，最近很少来到店里。

因为修表的业务一直由那男人独自承担，也因为信任这家店铺，我便决定等上一段时间。

昨天，我的钟表终于被那男人修好，我也看到了他从未有过的憔悴。

我问："师傅，您最近怎么没来呀？是身体不舒服吗？"

"唉，"男人叹了口气，"是为孩子办理上高中的事儿哪。"

"上高中？那学校落实了吗？"我关切地问。

"我询问了好多人，一家人又考虑来考虑去，最后决定让孩子回老家读高中吧。这孩子从小就在北京，现在，唉，真没办法。"男人紧蹙着眉头。

当男人把修好的表递给我时，表示坚决不收费用。他说："让你等了这么多天，真过意不去。”

我说着谢谢。感觉还应该对他说些什么，却找不到合适的语言。

走在回家的路上，我感到了心头的沉重。

我熟识的一些人，由于没有北京户口，他们的子女便不能在北京参加高考。而如果参加户籍所在地——通常是他们老家的高考，孩子则必须回到老家读高中，或最迟在高三时回到老家；因为北京与很多省市的教材不同，高考的内容也不尽相同。

所以，尽管一家人团团圆圆，孩子们从小学开始就无忧无虑地在北京读书，但是当孩子们到了升入高中的时候，家长们的心中便布满了愁云。

其实，这心中的愁云何止始于孩子读高中呢？这些长期在北京工作的家长们无不翘首以待北京高考政策的突破，同时心中的忧虑却随着距离孩子高考日期的临近与日俱增。

所以，孩子读高中的那段时间，也是许多家庭饱尝离别之苦的日子。孩子们不得不回到老家读书，人到中年的父母不得不继续留在北京——他们的生存之根已深深地扎在了他们奋斗多年的这座城市。

我的一位没有北京户口的同事，他没有选择让女儿回到老家读高中。他已做好准备，女儿在北京高中毕业后，出国读大学。

他感伤地对我说：“我们热爱北京，但北京却抛弃了我们。”

一次，女儿宿舍的一位同学回到南方老家读书了。分别时，孩子们非常难过。后来，女儿问我：“妈，如果你大学毕业时不留在北京，那我不是也没有北京户口吗？”

我不禁笑了，调侃地说：“如果妈妈当年不留在北京，那生出的孩子肯定不是你了。”

我回想着，1991 年我大学毕业时，国家负责分配工作，留在北京的学生自然就有了北京户口。

记得毕业时，我的同学曾经问我为什么要留在北京。我当时回答说，我从小就羡慕北京的孩子，因为北京有丰厚、优良的教育资源。我希望自己的孩子将来能拥有这样的教育机会。

这是我的心里话。留在北京，我知道自己终将是一个平凡、渺小的人；但对孩子而言，北京就是她生活的平台，北京就是她成长的起点。

如今，女儿即将读高三了。每每看着女儿，我都很是欣慰。她有自己的理想，并且可以毫无顾虑地为之努力着。我们不需要分离，因为她有北京户口。

可那些与我一样在北京工作多年的人们，他们其中一些人对北京的贡献远远多于我；他们其中一些人做着北京人不愿意去做，却又是这座城市持续发展不可或缺的工作。

而因为他们没有北京户口，他们那与我女儿一样怀有理想的孩子，在尚未成人之时，就要体尝到苦楚与苍凉。

这些孩子，是否承受得太多？

2007.12.13
全葳

我看孩子们独立生活能力的培养

2013年8月22日 星期四

现今社会，经济发展了，生活富裕了，家长们当然有能力陪伴着孩子到大学报到。其实这本该是一件充满亲情、值得庆贺的喜事，为什么偏偏要与孩子们独立生活能力培养的话题牵强地联系在一起呢？

随着大学开学季的到来，新生报到注册的情况成为了一部分人关注的话题。那种在大学校园里，一个新生由父母等数位亲人陪伴的景象，近年来愈演愈烈，蔚为壮观。一些人由此得出一个结论：现在的孩子越来越没有自立能力了。

于是，一些大学冥思苦想这样的问题：如何能让新生们早日独立呢？与此同时，我被北京交通台“一路畅通”节目主持人近日的一番话语，强烈地吸引了。

那位主持人所言的大意是：为了能培养新生的独立生活能力，北京某所大学动员、鼓励老生将家乡的新生带到学校来，并为老生提供交通费用。一所著名学府在校门口拉起了一条警戒线，只允许新生独自进入校园办理入学的各项事宜，而家长们则无法跨入那条警戒线。

这则消息令我的思绪不禁回到了二十几年前亲历的大学报到注册的情景。

1987 年 9 月初，没有任何亲人的陪伴，我和两位一同考入北京大学的同乡坐上了火车。历经 31 个小时后，我们在一个夜晚的 11 点多到达了北京南站。这真是一个值得纪念的日子——有生以来，我们第一次来到北京；甚至此前，我们未曾走出我们的故乡——黑龙江。

当时，所有的公交车都收工了，我们也没有乘坐出租车的想法。说实话，那时，我们似乎从未听说过出租车这个词；而事实上，即便听说过，我们也无论如何不愿花费这笔钱。

那时的北京南站狭小、破旧、晦暗，我们几乎找不到任何休息的地方。于是便蜷缩在露天的一块空地上，相互照应着，直至第二天凌晨 5 点多的早班公交车的到来。

拎着大包小包的我们几经辗转，在中午时分，终于抵达了学校。而由于我和两位同乡分属不同的系，我们不得不互道珍重，各奔前程。

办理注册手续，整理床铺，购买日用品……

那时，我们没有电脑，没有网络，没有手机，也找不到可以打长途电话的去处。我只能赶紧给父母写了一封信，告诉他们我已平安到达学校的讯息。一个星期以后，这封信会抵达我的家乡。

我一直记得，当做完了这一切后，我坐在了宿舍的椅子上，怔怔地望着窗外。此时，我的心中倍感凄凉，眼中不觉盛满了泪水。

当天下午，除了浙江的筱芳，宿舍里的其他 4 位同学陆续赶到。她们带来了欢声笑语，她们每个人都有家人的陪伴。

我一边羡慕地望着叽叽喳喳的她们，一边感伤于自己与亲人之间那遥不可及的距离。

两年后，我的妹妹考取了南方的一所大学，已经参加工作的二哥护送妹妹到学校报到。父母、我及其他亲人感到了些许安慰、踏实，因为妹妹不必独自远行。

二哥回来后，向我们展示了妹妹学校、宿舍的照片，详细描述着点点滴滴的情形。父母欣慰地说：“这样，我们就放心了。”

随后，妈妈遗憾地对我讲，当年家中经济条件实在不好，否则断然不会让我独自坐上火车。他们是在收到我由学校寄出的第一封信后，担忧、焦虑的心情才舒缓了一些。

后来，独立生活能力并非专属于曾经独自来到大学的我们，同样属于那些与家人一同走入大学校园的我的众多同学，以及我的妹妹。

不同的是，在大学生活的起点，我们曾经黯然神伤，他们曾经喜笑颜开。

可以说，在我国现阶段，孩子高考几乎是家家户户的大事。对于许多家长而言，能陪同孩子来大学报到，是一件盼望已久、心花怒放的盛事。

还有一些家长，由于各种原因，平日里疏于与孩子顺畅交流，和睦相处。如果他们能陪伴孩子来到大学，对于相互间情感的沟通与培养，毫无疑问是一个契机。

而对于报考异乡大学的孩子们来讲，其中一部分则是为了逃离没有欢乐、缺少温情的家庭环境。这样的孩子也许会毅然决然地独闯天下，但他们在心灵上的困苦，以及这种困苦对于他们未来人生的潜移默化的影响，可能极为残酷。

我有一个熟识的人。自他很小的时候开始，父母由于工作或其他原因，在生活上、心理上都无暇关心他。他不得不努力地照顾着自己，并且承担起了许多家务劳动。高中毕业后，他独自远赴他乡。

如今，每当谈论起独立生活能力的话题，年过半百的他都会格外自豪，并不失任何时机地娓娓道来他的往事。

然而，他的婚姻生活却始终是年老体弱的父母的切肤之痛。

他与几任妻子均是一见钟情，闪电结婚。而与每一任前妻的婚姻生活，均有惊人相似的内容——双方义愤填膺，大打出手，相互仇视。眼见着他仪表堂堂，温文尔雅，却不知他为何能将几次婚姻都经营得如此糟糕。

诚然，相比于绝大多数人，他较早地具有了独立生活能力。但他却在成年之后，在与他人相处的人生之路上，一直牵绊着、搅扰着父母的心。

所以，我一直觉得，一个人是否具有独立的生活能力，并不能仅仅根据形式来予以判定。我倒认为，我们所倡导的独立能力，应该主要表现为健康的心理、成熟的心智、稳健的性情。

现今社会，经济发展了，生活富裕了，家长们当然有能力陪伴着孩子到大学报到。其实这本该是一件充满亲情、值得庆贺的喜事，为什么偏偏要与孩子们独立生活能力培养的话题牵强地联系在一起呢？

事实上，就我个人及我的同学的体验而言，大学阶段恰恰才是培养学生们独立生活能力的关键阶段。

我们的大学，完全可以满怀自信，敞开宽阔的胸怀，迎接学生们，迎接家长们。

何必谈家长色变？何必煞费苦心？何必因噎废食呢？

全葳
画

尊重女儿对于专业的选择

2013年9月28日 星期六

对于女儿所选定的专业，我没有理由纠结，没有理由质疑，没有理由阻拦，没有理由不示以尊重。

前段时间，我几乎废寝忘食、一气呵成地阅读了墨西哥作家贝尔纳多·费尔南德斯的作品《蜥蜴的眼睛》中译本。

女儿曾问我："妈，您为什么那么投入地读这本书呢？"

我不无得意地回答："因为这本书的翻译者吕文娜是我的大学同学呀！"

女儿奇怪地问："妈，你们不是中文系的吗？你们同学怎么做起了西班牙语翻译了呢？"

我骄傲地向女儿介绍道，大学毕业后，文娜阿姨开始学习西班牙语，而且一举考取了母校——北京大学的西班牙语文学硕士，主攻拉美文学。硕士毕业后她便留校，教授西班牙文学。

女儿惊呼般地赞叹道："妈，文娜阿姨真了不起。大学毕业后竟然学习新的专业，真是太伟大了！"

"我们班还有一些同学在大学毕业后，改学其他专业了呢。杨洋阿姨改学统计，谢凌岚阿姨改学金融，高红梅阿姨改学计算机，李广利叔叔改学法语，谭小文叔叔改学经济……"我如数家珍。

"妈，您后来不是学习法律了吗？"女儿补充道。

"是啊。其实，大学时的第一专业可能并不是一个人终生的专业。随着年龄的增长，一个人对自己的兴趣、能力会有越发清晰、全面的了解和认识，加之社会的发展变化、生存的需求等很多因素，有些人便会重新调整自己的专业；而其中一部分人便有可能最终达到

自己的兴趣、乐趣所在，享受学习，享受工作。”我有感而发。

我想，一定是这些活生生的例子，令我全然支持女儿对于高考专业的选择。

由于女儿正在读高三的缘故，最近，与我熟识的人几乎都向我询问女儿的高考志愿问题。

我如实地将女儿的志愿告诉他们，于是一些人会提出不同的见解。我便解释说，这是女儿自己的选择，还是尊重她的决定吧。她如果能通过自己的努力实现自己的理想，那就不留有遗憾了。

在和女儿聊天时，我也曾提到，高考时，如果没有考取自己的理想专业，也不要气馁。大学有调换专业的政策；即便毕业后，也还能够再行学习其他专业，变换自己的职业呢。

我对女儿说，一个人只要不放弃学习，只要不放弃努力，最终都会实现自己在专业方面的理想。这个理想，也许是我们在高考时，欣欣然填报的；也许是我们走向社会，经过一番打拼后，深思熟虑地设定的……在实现理想的道路上，也许会一帆风顺，也许会惊涛骇浪；但我们始终沉醉其中，我们没有遗憾。

事实上，一个充实、圆满的人生，不正是发掘理想、追寻理想的过程吗？

所以我想，对于女儿所选定的专业，我没有理由纠结，没有理由质疑，没有理由阻拦，没有理由不示以尊重。

无论她的这个理想是举足轻重，还是微不足道。

无论现在，还是将来。

用心血陪伴孩子

2013年10月31日 星期四

孩子需要陪伴。这种陪伴并不意味着夜以继日的形影不离，并不意味着苦口婆心的反复叮咛；而是在孩子成长的每一个阶段，对她心灵的时时关注与精心呵护。

最近，女儿的语文老师要求学生们就“中国式过马路”现象写一篇作文，角度、立意自选。而所谓中国式过马路，就是行人过路口时，凑够一拨人就可以走了，和红绿灯无关。

后来，女儿兴奋地对我说：“妈，咱们以前曾经聊过这个话题。我这次就借鉴了您的观点，老师夸奖我那作文了呢。我们班只有我一个人从法律的角度进行了分析！”

女儿一边说着，一边把那作文放到了我的手里，我看到了老师的如下评语：

啊，太专业了！

哈，多妙的角度，理性、科学的分析，少了煽情，多了理性说明，让读者心服口服。你这写作风格很特别，大胆坚持吧。

此刻我有着与女儿同样兴奋的心情；因为很长时间以来，一直对作文万分苦恼的女儿，终于体会到了写作带来的快乐。

我趁势鼓励着女儿：“你看，这作文其实并不难，找对了角度就下笔如有神了。你以后会写得越来越好的。”

望着喜气洋洋的女儿，我不禁联想到一些往事。

记得女儿读高中后，一天，我郑重地对女儿说：“你已经长大了，妈妈应该告诉你一些大人的事情了，否则就是不尊重你了。妈妈相信你能够理解，能够承受，能够分担。”

那一次，女儿的达观与坚强扫去了多年积郁在我心中的忧虑，同时，这种达观与坚强令我深为感动。

从那以后，我便常常和她聊起生活，聊起工作。之所以这样做，一则希望女儿能够意识到，人在一生当中，既收获着喜悦，又经历着艰辛；二是通过对工作当中所接触的案例的讲述与分析，希望女儿懂得，法律是每个人应当遵守的规则。

女儿对这样的聊天内容很有兴致，几乎每一次，我们都会交流着各自的观点和感触。

后来，我欣喜地发现，女儿已经能够用客观、理性的思维方式去看待问题，分析问题，女儿的心智已渐渐成熟。

前一段时间，女儿的班主任老师对我说，与女儿的学习成绩相比，老师更加欣赏、更加喜欢她那阳光、健康、平和的心理状态。

老师问我：“您是怎么教育孩子的？”

我于是想起一位好友说过的话：孩子需要陪伴。

于我而言，这种陪伴并不意味着夜以继日的形影不离，并不意味着苦口婆心的反复叮咛；而是在孩子成长的每一个阶段，对她心灵的时时关注与精心呵护。

可以说，这是用心血进行的陪伴。

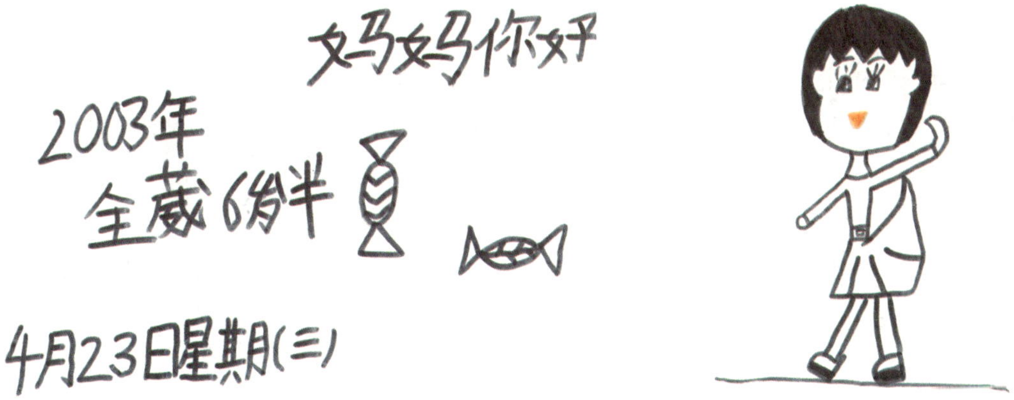

宽容的女儿

2013年11月3日 星期日

我真的佩服女儿。她那娇小的身躯里，竟然承载着宽容、博大的胸襟。

每个星期六的傍晚，女儿都要和教练打一场羽毛球。这是女儿最热衷的一项体育运动。

但是昨天，女儿却没有如愿以偿。

昨天，与往常一样，我陪着兴致勃勃的女儿准时赶到了体育馆。可是时间一分一秒地过去了，场地却迟迟没有确定下来。

预订场地的事儿一直是由教练操持的，在我的印象当中，场地始终确保无疑。这一次，教练已经在几天前预交了费用，但不知什么原因，场地却落空了。

焦急的教练和体育馆的工作人员交涉着，但由于场地已被订完，所以没有什么进展。最终，教练充满歉意地对我说："实在对不起，今天不能打羽毛球了。让你们白白赶来，唉，耽误了你们的时间。"

我轻松地说："没关系，周末打球的人多，场地就紧张了。下星期六我们再过来吧。"

我转过身，把这个情况告诉了手握球拍、时刻准备打球的女儿。女儿没有丝毫犹豫，笑着说："妈，没关系，我跑几圈就锻炼身体了。"说完，她真的去跑步了。

我很释怀。

我知道，能够和教练打一场羽毛球，是女儿每个星期最为盼望的事情。所以尽管读高三的她，现在的学业格外紧张；但是她都尽力安排出这段时间，从未想过放弃。

这一次，我曾担心女儿的反应，而她竟然那般从容、那般平和、那般果断地决定跑步，真的出乎我的预料。

望着女儿那轻盈、敏捷的身姿，我心里涌动着感慨。

我真的佩服女儿。她那娇小的身躯里，竟然承载着宽容、博大的胸襟。

做为母亲，我品尝到了无限欣慰。

跌倒了　坚强地爬起来

2013年11月21日　星期四

女儿啊，人生虽然艰辛，却极为丰富——有理想，有付出，有泪水，有收获。

跌倒了，没关系，咱再爬起来！

期中考试结果公布了，女儿的成绩很是糟糕，她在年级的排名由此降至自她升入高中以来的最低点。

女儿极为沮丧，她说，恐怕很难实现自己那梦寐以求的高考理想了。

我能感受到女儿的心痛，因为她一直在为自己的理想倾注着希望，倾注着心血。十万火急般，我和她爸爸立即与班主任老师取得了联系。老师特意安排出时间，邀请我们面谈有关情况。

老师向我们介绍了女儿在学校的表现，对她的成绩进行了分析。老师说，女儿这次考试虽然不理想，但如果集中学习精力，调整好心态，她的成绩会提高上去的。老师说，女儿有这个实力。

我说，这次考试暴露了一些问题，坏事也许能够变成好事。

老师说，是的，好好总结，分析，然后改正，提高，坏事能够变成好事。

我和她爸爸随之与女儿平心静气地进行了交流，帮助她分析考试失利的原因，同时向她传递着鼓励与信任的信息。望着女儿那噙着泪水的眼睛，我的心中盛满了酸楚。

随后的几天，女儿沉默寡言。我知道，这次考试深深地触动了她。

一天，我突然听女儿说："妈妈，这次考试虽然失败了，但还来得及挽救。以后啊，考试时心态一定要平和，不能紧张。还有，即便有一门科目考不好，也要镇定，不能影响其他科目考试的情绪。"

我趁势补充说，上课集中精力听讲，也非常重要。

女儿点着头，神情很是坚定。

很快，女儿恢复了往日的状态——自信，积极，开朗。有所不同的是，她常常强调，考试时心态很重要；还有，她学习更加自觉，更加投入了。

我格外欣喜。对于女儿来讲，虽然这次期中考试遭遇了挫败，但是着实是一件好事了。

我曾经对女儿说，一个人如果要实现自己的理想，一定要竭尽全力。中国的高考虽然诟病多多，但它绝对是对一个人意志的磨炼。这种磨炼的意义并非单纯地体现于高考的结果，更重要的是它有助于提升我们面对人生中一个个困境、一次次挑战的能力。

而最近，我的脑海中亦常常浮现令我感动的画面。

女儿大约 2 岁时，一次，她重重地跌倒了。随后，她一边哭着，一边倔强地、摇摇晃晃地独自爬了起来。当她看到大人们鼓励的目光，听到大人们赞许的话语后，又继续前行。

而今，在实现理想的道路上，女儿跌倒了，摔痛了，但已然坚强地爬了起来。

女儿啊，人生虽然艰辛，却极为丰富——有理想，有付出，有泪水，有收获。

跌倒了，没关系，咱再爬起来！

在实现理想的道路上不会孤寂

2013年11月29日　星期五

相信女儿如同当年的我，在实现理想的道路上，不会孤寂。

今天上午，我处理了工作上的一些事情后，急速赶往书店为女儿买到了她需要的书，随后马不停蹄地奔向女儿的学校。在邻近校门的一座教学楼里，我为女儿购买了一套秋冬季校服——每个星期五中午的2个小时，校服厂商都会在那里出售校服。

做完这些事，我顿时感到了轻松，与此同时，我深深地理解了饥肠辘辘这个词。此刻，我的手表显示的时间是下午1:20。

于是我快步走进了附近的一家餐厅。

我一边嚼着饭菜，一边不禁想起了自己读高三时的一些往事。

我和妹妹曾经在同一所高中读书，我读高三时，妹妹读高一。

我们学校没有食堂。中午的时候，如果我们不回家，就需要到校外买些饭菜。

那时的我惜时如金，即便中午那段本应用于休息的时间，我也全然投入学习。

为了不打破我的这一习惯，妈妈吩咐妹妹，每天中午由妹妹把午饭买好，送到我的教室。

一次，妹妹爬着4层楼梯，气喘吁吁地把热气腾腾的午饭送来时，我正在向语文老师请教问题。当时的我无暇顾及妹妹，继续和老师讨论着。

妹妹于是就默默地站在了我的旁边。

不知道过了多长时间，直到我将学习的问题解决了，我才接过妹妹手中的午饭，此时那饭菜已降下了温度。

这件事，我和女儿聊起过许多次。每一次，女儿都会认真地倾听。

然而今天，我却猛然意识到，在中午那段有限的时间里，妹妹手捧着我的午饭，等了我那么久。我当时怎么没有问，妹妹，你吃过午饭了吗？

还有一件事，我和妹妹相聚时，便会常常聊起。

高三时，由于家里空间狭小，学习条件很差，所以每天放学后，我都会在学校学习一段时间。妹妹自然又承担起陪伴我的任务——每天我们一起回家。

一个冬季的晚上，大约 7 点左右吧，我和妹妹走在漆黑、崎岖的回家的路上。此时，除了身后的一位男子外，看不到其他行人。

突然，妹妹拉着我向前快跑起来。她小声说着，姐，后面那个男的在追我们呢！

天啊！此刻，我听到了那个男人追赶我们的声音。我和妹妹竭尽全力奔跑着，加之毕竟熟识回家的那条小路，最终，我们甩掉了那个男人。

至今，这个经历都令我和妹妹心有余悸。

也就是从那天开始，父亲每日都会赶到学校，将我和妹妹护送回家。而每一次，父亲都面带慈祥的笑容，毫无怨言。

另外，每当聊起我的高考时，如今已参加工作的我的侄女都会调侃说，大姑，您能考上名牌大学，还有我的功劳呢。

事实还真是如此。

在我高考倒计时仅有 1 个月时，我的侄女出生了。

那段时间，大哥一家与我们住在一起，这样便于母亲照顾大嫂和孩子。

我那侄女真是个懂事儿的孩子。自她出生以后，无论白天还是夜晚，我竟然从未听到她哭闹——我不知道我不在家的时候，她是否也能如此。

总之，在我备战高考期间，那个还是个小小婴儿的侄女便已然深明大义，清楚地知道高考的重要性了。

所以说，我这军功章还真应当有侄女的份额呢。

……

我的高考故事很多很多，几乎每一个故事都饱含着亲人们自然而然、无怨无悔的付出。

而今，我的女儿亦即将高考。

相信女儿如同当年的我，在实现理想的道路上，不会孤寂。

女儿的高考之路

2014年2月7日 星期五

女儿已在备战高考的路上。在这条荆棘丛生、崎岖不平的路上，女儿会摔倒，会疼痛，会流泪，也可能会迷路。但是，凭借着执著，凭借着坚忍，终究会抵达豁然开朗的境地。

清早起来，拉开窗帘，尽收眼底的是白雪皑皑的景致。

记得 2 月 4 日立春那天，我和女儿在户外锻炼时，聊起了关于北京的雪的话题。我们俩共同的观点是，自去年冬天以来，北京从未下雪；如今白天的气温已升至摄氏零上，北京恐怕难以银装素裹了。

于是今晨，当洁白的雪花映入我的眼帘之时，我的内心涌动着阵阵惊喜。

随即，自然而然地，我的心飞回了故乡——黑龙江，那是一个从来不乏冬雪的地方。

此刻，萦绕我心头的，不是乡愁，而是一段关于女儿的记忆。

2005 年的春节期间，我和 8 岁的女儿回到了故乡，这也是女儿自出生以来第一次在寒冷的冬季，置身于那冰天雪地。

一个下午，我和从南方回来的妹妹带着我们各自的女儿，来到了松花江那厚厚的冰面上。那里有多种多样的冰雕、冰灯，还有冰屋、冰滑梯、冰车……我和妹妹尽情享受着儿时的欢快，两个女儿则兴奋得近乎疯狂。

过了一段时间，见暮色渐浓，被冻得瑟瑟发抖的我和妹妹提议该回家了。这时，两个孩子正在忙忙碌碌地在人工堆积的小雪山上，向下滑雪呢。

妹妹的女儿停止了玩耍，我女儿则对我说："妈妈，我总是滑不好，总是摔倒。我再滑一会儿吧。"

我心疼地对女儿说："宝宝，天太冷了，以后再来玩儿吧。别着急，慢慢就会滑好的。"

穿得圆鼓鼓的女儿扬着红嘟嘟的小脸儿，倔强而严肃地说：“妈妈，不行，这次非得滑好不可！”

于是，女儿一次次登上小雪山，一次次滑下来，一次次摔倒，再一次次爬起来。

妹妹笑着对我说，姐，这孩子真够执著的。

是啊，猛然间，我感到对女儿多了一份了解，也多了一份赞许。

终于，女儿没有摔倒，成功地滑下来！

当我们赶回家，脱去厚厚的衣帽时，我看到了女儿被汗水浸透的头发和内衣，惊愣了。

年幼的女儿，这是怎样的执著和毅力啊。

而今，女儿已在备战高考的路上。在这条荆棘丛生、崎岖不平的路上，女儿会摔倒，会疼痛，会流泪，也可能会迷路。

但是，凭借着执著，凭借着坚忍，终究会抵达豁然开朗的境地。

在那里，内心释然，没有遗憾。

依然年轻的心

2014年2月16日 星期日

当我们将孩子送入大学，当孩子已是成人，我们便会有另外的内容和重点。那样的生活，同样充实。

上学期期末家长会结束的时候，我环顾着周围，看到了一些家长。他们的体态、精神面貌无不烙上了岁月的痕迹。

猛然间，我的心头涌动起些许感慨。

当孩子们即将迈入大学校园时，这些如我一样的家长们，却在不知不觉间人到中年。我们曾经青春飞扬，我们曾经无往不胜。那么，陪伴孩子的这些年里，我们每一位家长的心，是否依然年轻？

后来，我和女儿聊起了我的这番感慨。女儿说，妈，我觉得你们原来是什么样，现在还应当是什么样。比如原来就朝气蓬勃的人，现在仍然会富有朝气；原来就注重仪表的人，现在仍然会梳妆打扮。你们虽然经历了很多，虽然面容不再年轻，但本性的东西是很难改变的。妈，你不觉得是这样吗？

女儿的话令我在这段时间里，常常陷入沉思。

一些人曾经讲，孩子高考完，家长便无事可做，无所适从了；因为家长已经习惯于将很多心思、很多精力、很多时间投入到孩子身上。

每每这时，我便会发自内心地说，等孩子高考完，我可是有很多计划要实施呢。

我说，我要在认真工作之余，饱览秀美风光；而不是步履匆匆，无心驻足。

我说，我要常常回到大学校园，倾听学者们的讲座，吸吮图书的芬芳。和年轻的学生们一样，感受知识的底蕴。

我说，我要尽情享受静谧、柔美的时光，沉下心来思考问题，书写文字。

……

前段时间，与我情同姐妹的我的大嫂对我说，人的一生当中，不同的阶段有不同的内容和重点。一个有责任心的人，就是把每个阶段的事情都尽力做好。

是啊，当我们将孩子送入大学，当孩子已是成人，我们便会有另外的内容和重点。那样的生活，同样充实。

如此，女儿的观点也许是对的。虽然我们经历了很多，虽然我们的面容不再年轻，但本性的东西很难改变。

曾经年轻的心，依然年轻。

以纯粹的心态选择专业

2014年2月16日 星期日

我始终倡导，应当以纯粹的心态选择专业；这样，无论将来发生什么变故，我们都可以沉着而冷静地去面对。

由于女儿正在备战高考，一些熟识的人常常向我询问孩子的专业意向。当我介绍了女儿的想法后，其中一部分人便会摇头反对，并建议报考其他专业。

有的人说，还是某某专业好，毕业后容易找到工作。我会说，社会在飞速地发展变化，谁能确保自己的专业在毕业之际，仍然炙手可热呢？

有的人说，还是某某专业好，将来工作不累。我会说，对于任何一项工作，如果想做细做精，人们都要根据业务特点，去努力，去付出；怎么会有轻而易举就能得到满意报酬的工作呢？

有的人说，还是某某专业好，工作后能经常收到红包。我会说，既然选择了一份职业，就要认同这个职业的待遇；为什么要得到不应当属于自己的利益呢？

……

我一直认为，无论女儿选择何种专业，我都应当予以尊重。因为那是她自己的理想，是她乐此不疲、为之奋斗的专业。

还因为，大学所设置的任何一个专业，都有其存在的价值，都值得人们如饥似渴地汲取它的精髓；都会有人在工作当中，将这个专业的知识运用到极致。

所以我始终倡导，应当以纯粹的心态选择专业；这样，无论将来发生什么变故，我们都可以沉着而冷静地去面对。这个道理，便如同我们在选择自己的工作。

前段时间，互联网上登载了一篇评论文章——《怨禁令严苛准备离职　别拦着》，其中有如下一段内容：

去年以来，从中央到地方各项规定、禁令不断出台，2013年也因此被公务员称为“禁令年”。近日有媒体就“中央禁令对公务员影响”在全国随机抽取了100位公务员进行调查。结果显示，全部受访者都表示中央禁令对其影响很大，主要表现在之前可以收到一些购物卡、烟酒之类的礼品，现在很少收到了，多数人表示“公务员不好当”。超六成公务员认为“禁令”一刀切，受“禁令”影响，个别公务员称考虑离职。

我在设想，文章中所提及的那些人，假如当初他们以纯粹的心态选择公务员这个职业，那么现在仍然能平心静气，岿然不动；因为这个职业的一部分内涵，原本便应当是有限的、透明的收入。

如今，我全然支持女儿对于高考专业的选择，孩子那可贵的、一尘不染的、纯粹的心态，理当得以尊重，得以呵护。

扎根　成就参天大树

2014年2月18日　星期二

这段时间，我和女儿经常聊起重视基础知识的话题，现在我知道，女儿已然洞悉了具备扎实学风的意义。

上个星期，女儿学校进行了高三年级 2014 年 2 月份月考，也就是高三年级下学期的开学测试。在此次考试当中，女儿的作文被评为一类文。这有些出乎女儿的预料，因为高中以来，她一直对自己的文科学习能力没有绝对的自信。

我仔细阅读了女儿的作文《扎根　成就参天大树》，感觉确实很棒——不是因为文章的语言，而是由于它所呈现的立意。

文中，女儿进行了缜密的说理——“打好基础才能扎根，面对困难更要扎根，因为，是根给予我们营养。对画家，根是基础画功；对学生，根是基础学识；对科学家，根是规律与定理。”

结尾处，女儿留下了干脆、利落的笔墨——“虽然不同品种的树会有不同的根，但是，为了成长为参天大树，无一例外，请先扎根。”

我不禁赞叹着，多么质朴的立意！多么豪气的结尾！

我感到了欣慰。这段时间，我和女儿经常聊起重视基础知识的话题，现在我知道，女儿已然洞悉了具备扎实学风的意义。我想，我们之间再无需探讨这个话题了。

成长中的女儿，愿你在人生的道路上，走得稳健，走得踏实。

11月3日

从理想出发

本文是我在女儿班级“成人仪式”上的家长寄语。

尊敬的老师、亲爱的同学们：

下午好！

感谢班主任侯老师的邀请，让我能够有机会参加孩子们的成人仪式，见证他们一生当中，具有里程碑意义的庄严的时刻。

亲爱的同学们，18 周岁赋予了你们完整的、独立的民事权利。也就是说，你们从此具有了完全民事行为能力，可以独立进行民事活动。

同时，18 周岁也让你们的肩膀扛起了相应的法律义务，你们从此对自己的行为将独自承担法律责任。从这个角度讲，18 周岁意味着更多的责任与担当。

对于你们的责任意识和担当精神，我没有任何疑虑。我相信我的女儿，便有理由相信与她共同成长、满怀阳光的你们每一位。

同学们，今天我要说的是，感谢你们！

因为作为家长，我们在孕育孩子的同时，都曾经孕育了自己的希望。

因为作为家长，由于孩子的诞生，我们的生命得到了延续。

因为作为家长，我们深知在养育孩子的过程中，言传身教、潜移默化具有举足轻重的作用，于是我们不断地审视、修正自己的一言一行。所以，孩子的身心得以健康成长的过程，便是我们提高素养、完善人格的过程。

还有，各位同学，由于你们曾经的努力，甚至可以说是拼搏，你们脱颖而出，成为了人大附中的学生。于是我们这些家长，便能够有机会与这所享誉中外的著名中学进行交流与对话，便能够近距离地感悟她“尊重个性、挖掘潜力”的开放、多元、包容的教育氛围，便能够欣慰地感受到你们日渐增长的信心以及日臻成熟的心智。

而今，随着你们迈入成人行列，我们卸去了监护的义务。但是，法律意义上的独立并不意味着你们将孤独无助，在未来的日子里，我们将一如既往，始终与你们心灵相伴。

我清晰地记得一件往事。

那是在我成为了一名母亲之后，我由衷地在日记当中写道：“无论何时，无论何地，我都希望和女儿成为倾心交流的朋友。我会坦然地面对、接纳女儿所经历的一切，不仅有她的笑声和荣誉，而且有她的泪水和磨难。”

同学们，现在，你们正汗流浃背地奔跑在实现理想的路上。这条充满艰辛的道路上，一定有父母鼓励的目光、坚定的支持，还有乐此不疲的陪伴。

在此，我将我的北京大学校友、学姐、人民日报社评论部主任卢新宁在北大中文系2012年毕业典礼上的致辞当中的一段话送给大家，那就是“选择坚守，选择理想，选择倾听内心的呼唤，才能拥有最饱满的人生”。

各位同学，从理想出发，竭尽全力，让自己的一生了无遗憾吧。

我相信你们。

谢谢大家！

2014年3月17日

本书作者在做家长寄语

女儿被北京大学录取之后

2014年8月4日 星期一

孩子，你即将踏上新的人生旅程。这将是一段内容更为丰富，色彩更为斑斓，或许道路更为崎岖的旅程；也必将是一段令你更加成熟、更加自立、更加充实的旅程。

得知女儿被北京大学录取的确切消息，是在20多天之前。那一刻，我欣慰地对女儿说，孩子，你真棒！

于是这些天来，我一直品味着女儿在高三阶段包括录取结果揭晓之前那段异常艰辛的经历。这段经历当中的每一个细节，都令我无限感慨。

之所以将这段经历认定为异常艰辛，是因为期间发生的一些事件、出现的一些情况让做为家长的我们尚且感到内心动荡，感到措手不及，感到困惑不解；那么，对于女儿——一个心怀理想并为之努力的高考学生，她的身心该是何等煎熬？

终于，这一言难尽的一切一切都成为了往事。

我对女儿说，你的高考经历对于一生来讲，都弥足珍贵。有了这样的经历，你会成长得更快。

是啊，这是一段独特的经历，我相信这一定是一段难以复制的经历。

所以，当收到装有《北京大学录取通知书》的红色的特快专递时，我体会到了喜悦，体会到了如释重负，却没有体会到丝毫的意外之惊喜——因为女儿已竭尽全力，这个荣誉对她来讲，可以说是水到渠成，实至名归。

我由衷地和朋友们说，我佩服我的女儿，她经历了诸多波折，内心却依然坚韧。

孩子，你即将踏上新的人生旅程。这将是一段内容更为丰富，色彩更为斑斓，或许道路更为崎岖的旅程；也必将是一段令你更加成熟、更加自立、更加充实的旅程。

妈妈相信，在新的旅程中，你依然脚踏实地。

孩子，妈妈永远祝福你！

装有《北京大学录取通知书》的特快专递

附一：

母校北大　我心灵的港湾

2009年5月12日　星期二

大学毕业已经很多年了，而我会经常回到母校——北京大学。

记得参加工作不久，心里很是烦闷，不知向谁倾诉。一天，我一个人回到了北大。刚刚从南门走进校园，就看到熟悉而亲切的林荫道、宿舍楼，还有来来往往的学生……我大口大口地呼吸着，让自己的心灵饱尝这里清新的空气。瞬间，心境好像被洗涤了一番，竟然平静了下来。

于是每过一段时间，我都会回到北大，漫步在校园内。无论是让记忆回到学生时代，还是让思绪静止，我都会畅快地享受母校那美丽而多姿的自然环境和厚重而多元的文化底蕴。这个时候，我就如同一个孩子，依偎在亲人宽阔而有力的臂膀下，不再感到无助。

回到北大，我也有流泪的时候。一个上午，韵律操的旋律回荡在校园内。那是我在北大读书时，每天都能听到，却毫不在意的声音。而现在，它却像清新的雨滴，滋润着我疲惫的身心。北大，这个曾经陪伴我成长的亲人，又在无私地给予我生命的养分。我怀着崇敬、感恩的心，任由自己的泪水落下。

母校北大，永远是我心灵的港湾。

北京大學

附二：

未名湖　我的北大记忆

2012年10月10日　星期三

未名湖是我对北大的记忆。

大学时，我每天晨练的内容，便是在未名湖畔慢跑。

那时，我是宿舍中最早起的人。当室友们还在睡梦当中，我便蹑手蹑脚地溜出宿舍，奔向柳荫浓浓的未名湖畔了。如今已忘记当时每天慢跑的公里数，但却清楚地记得内心的欢快。我的脸庞一定艳若朝阳，因为有希望，有梦想。

这种方式的锻炼便成为我每天生活的内容之一，无论天气如何。记得一次期中考试结束后，我回老家探望父母。返回北京时，已接近晚上12点。待同学们骑自行车把我从北京南站接回学校时，已是凌晨2点左右了。可那天我仍然早起锻炼，同学们无不惊讶。现在我都佩服自己当年的那股劲头。

记得一次锻炼时，一位正在跑步的金发碧眼的女士和我打招呼，我们便聊了起来。她告诉我，她是英国人，她丈夫是大学老师。由于最近丈夫来北大进行学术交流，她和女儿便一同来到了这里。

我们相约每天都在湖边一起晨练。看得出，她和我一样喜欢未名湖。

她还邀请我去了她在勺园的住处。他的丈夫温文尔雅，女儿开朗活泼。那段时间，我们经常在一起天南海北地聊天，她和她的家人成为了我最早结识的外国朋友。

毕业以后，每每回到北大，我一定要去看望未名湖。流连于湖畔时，总想向她倾诉些什么，却又不知该如何说起。但我始终有一种奇特的感觉：未名湖是跃动的生命，她懂得我的内心。

一直以来，无论身处何地，每当看到婆娑的垂柳，我便会欣喜若狂——我知道，未名湖已永驻我的心中。

因为对我而言，那里曾经是每天生活开始的地方，是孕育梦想的地方。

后记

最近，一些家长对我感慨：你的女儿成长得太顺利了，这孩子真不用家长操心。但是我的孩子怎么会有那么多的问题呢？我该如何去教育呢？

我向这些家长澄清一个事实：其实，孩子们虽然各有不同，但绝无完美之人，甚至可以说，其他孩子存在的一些问题，我的女儿同样存在。只是我更愿意发现孩子的优点和长处，更愿意向孩子传递赞赏的讯息。还有，在孩子成长的过程中，每当我遇到困境，便会鼓励自己一定会有未来，一定会有希望。这样的信念一次次地化解了我内心的痛苦、煎熬，甚至是挣扎。

孩子怎么可能轻而易举地成长起来呢？

那么，一些家长之所以感到无能为力，感到焦虑不安，我倒觉得是因为他们对于孩子的缺点和问题予以了强调，予以了放大。如果内心充斥着负面情绪，那么如何能正面地看待孩子的问题，用正能量的方法去解决这些问题呢？

最近与一位好友探讨这类问题时，我欣慰地听到了她的观点——那是与我不谋而合的观点。她说，家长的观念、心态和方式在很大程度上影响着孩子成长的轨迹，正所谓不是一些孩子出了问题，而是他们的家长出了问题。

经常给予孩子以理解的目光，经常给予孩子以赏识的评价。沐浴于这种氛围当中的孩子，怎能不自省，怎能不前行呢？

但是，这确实无法一蹴而就，这确实无法立竿见影；因为家长对孩子进行的身心健康的教育，实际上需要经历一个细致、耐心、循序渐进的过程。

教育孩子，实在需要慢功夫。

老话不是讲，十年树木，百年树人吗？

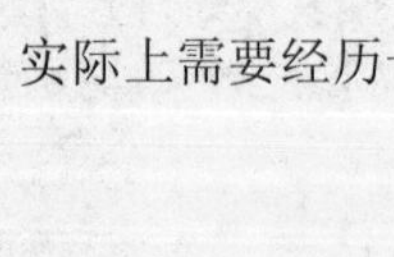

2014年9月2日于北京